ざんねん？ びっくり！

文房具のひみつ事典

ヨシムラマリ 著　文具王 高畑正幸 監修

講談社

はじめに

文房具《ぶんぼうぐ》を知《し》れば、人類発展《じんるいはってん》の歴史《れきし》がわかる!?

いきなりですが、本《ほん》のページから顔《かお》をあげて、パッとまわりを見《み》わたしてみてください。家具《かぐ》や洋服《ようふく》、食器《しょっき》、オモチャ、そして文房具《ぶんぼうぐ》。ものすご～くたくさんのものであふれています。

そのぜんぶに共通《きょうつう》しているのは、ひとつ残《のこ》らず、**「人間《にんげん》が考《かんが》え、作《つく》ったもの」**だということ。それってなんだか、すごいことだと思《おも》いませんか？

ものづくりの歴史《れきし》は、人類《じんるい》の発展《はってん》の歴史《れきし》そのものです。そしてそれは、はじめからおわりまでずっと順調《じゅんちょう》！　……ではなく、失敗《しっぱい》もたくさんありました。

新《あたら》しくなにかを作《つく》るときは、いろいろな壁《かべ》があります。こういうものがほしいと思《おも》っても、実現《じつげん》するためのアイデアがなかったり。いいアイデアがあっても、技術的《ぎじゅつてき》にむずかしかったり、お金《かね》がなかったり、まわりから「ダメ！」

といわれたり。

でも人間《にんげん》は、その限《かぎ》られた状況《じょうきょう》のなかでも、知恵《ちえ》をはたらかせ、工夫《くふう》して、新《あたら》しいものを作《つく》りだしてきました。

新《あたら》しいものを作《つく》るとき、私《わたし》たちは今《いま》あるものを参考《さんこう》にして、もっといいものにしようとします。今《いま》あるものは、その前《まえ》にあったものを参考《さんこう》にしています。

じゃあ、それよりさらに前《まえ》のものは？

いちばんはじめに作《つく》られたものは？

どんなものだったのでしょうか。

今《いま》の私《わたし》たちから見《み》ると、昔《むかし》のものや道具《どうぐ》は、へんてこだな、ざんねんだなと思《おも》うこともあるでしょう。

でも、そのものたちは、当時《とうじ》の人《ひと》がめいっぱ

い考《かんが》えて、工夫《くふう》して作《つく》りあげた、その時代《じだい》の最《さい》先端《せんたん》のものなのです。

この本《ほん》では、私《わたし》たちになじみぶかい文房具《ぶんぼうぐ》の、「なぜ作《つく》られたの？」という成《な》り立《た》ちや、進化《しんか》のウラ側《がわ》といった〝ひみつ〟を探《さぐ》ります。

「どうしてこうなった？」と思《おも》わず笑《わら》っちゃう「ざんねん」なものから、今見《いまみ》ても**「すごいなぁ！」**と「びっくり」しちゃうものまで、いろいろ登場《とうじょう》します。

自分《じぶん》が作《つく》るとしたら、どうする？

本《ほん》にのっていないものにも、同《おな》じようなひみつがあるのかな？

そんなふうに想像力《そうぞうりょく》をはたらかせながら読《よ》んでみるのも、楽《たの》しいですよ。

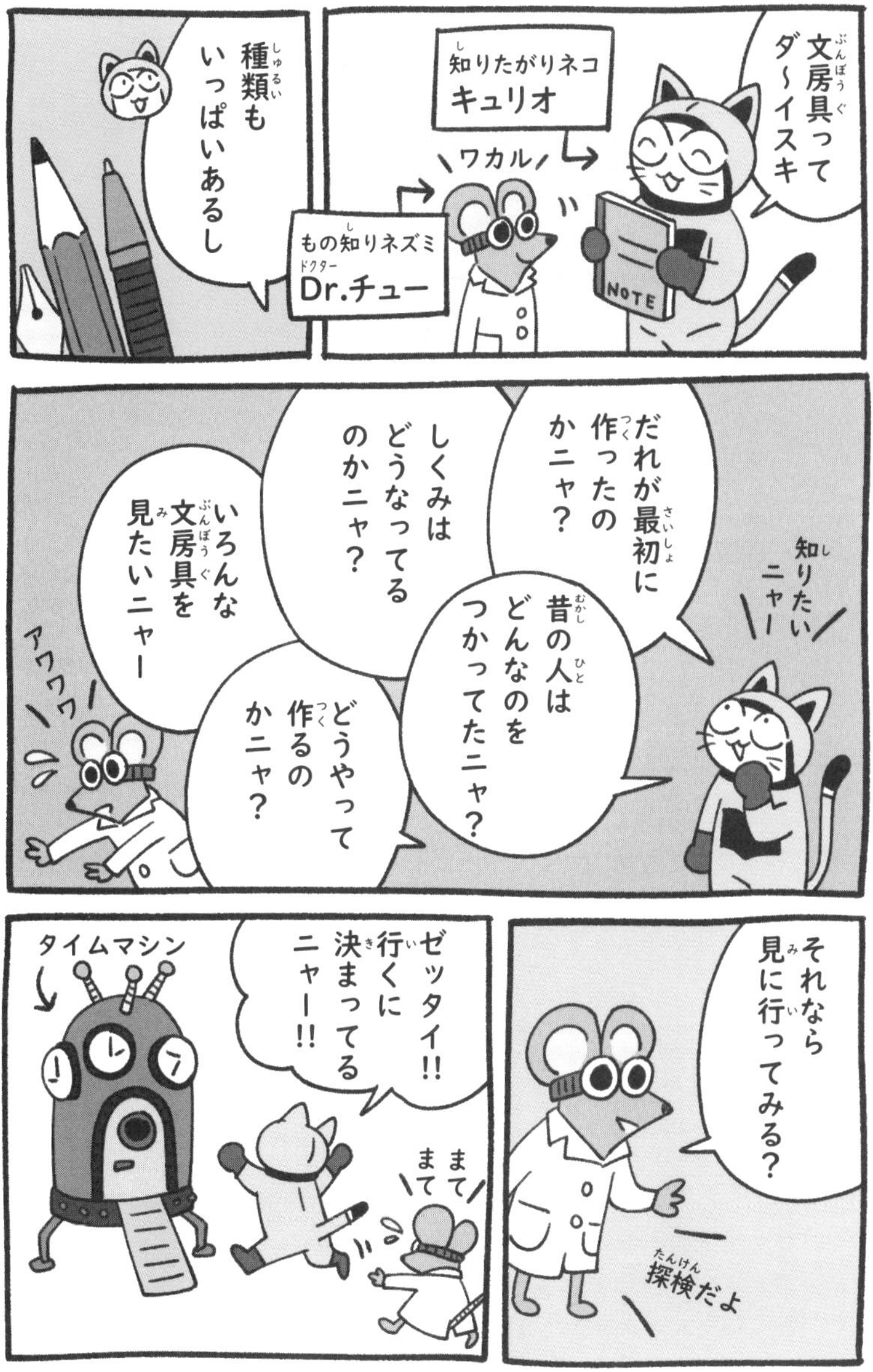
文房具《ぶんぼうぐ》ってダ～イスキ
知《し》りたがりネコ キュリオ
ワカル
もの知《し》りネズミ Dr.《ドクター》チュー
種類《しゅるい》もいっぱいあるし
知《し》りたいニャー
だれが最初《さいしょ》に作《つく》ったのかニャ？
昔《むかし》の人《ひと》はどんなのをつかってたニャ？
しくみはどうなってるのかニャ？
どうやって作《つく》るのかニャ？
いろんな文房具《ぶんぼうぐ》を見《み》たいニャー
アワワワ
それなら見《み》に行《い》ってみる？
探検《たんけん》だよ
ゼッタイ!! 行《い》くに決《き》まってるニャー!!
タイムマシン
まて まて

もくじ

※ざ＝ざんねん　び＝びっくり

第《だい》2章《しょう》 削《けず》る、切《き》る

第《だい》3章《しょう》 つける、貼《は》る

ブックデザイン：谷関笑子（TYPEFACE）

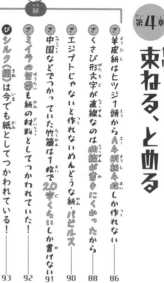

第《だい》1章《しょう》

書《か》く、消《け》す

ざんねん

鉛筆《えんぴつ》

今《いま》の鉛筆《えんぴつ》はナポレオンのムチャぶりから生《う》まれた

黒鉛《こくえん》ないと
こまるから
なんとかして!
ナポレオン
そ、そんな
ムチャな…
コンテ

鉛筆《えんぴつ》ができる前《まえ》、人《ひと》びとは天然《てんねん》の石《いし》である黒鉛《こくえん》のかたまりを切《き》りわけて、筆記用具《ひっきようぐ》にしていました。しかし、質《しつ》のいい黒鉛《こくえん》はイギリスのボローデール地方《ちほう》でしかとれませんでした。1793年《ねん》にイギリスとフランスの間《あいだ》で戦争《せんそう》が始《はじ》まると、敵《てき》であるフランスには黒鉛《こくえん》が入《はい》ってこなくなります。

こまったフランスの皇帝《こうてい》ナポレオンは、戦争担当大臣《せんそうたんとうだいじん》のラザール・カルノーに、「フランス産《さん》の黒鉛芯《こくえんしん》を作《つく》って！」と命令《めいれい》。こ

鉛筆《えんぴつ》の硬《かた》さのB《ビー》はブラックの頭文字《かしらもじ》なんだって

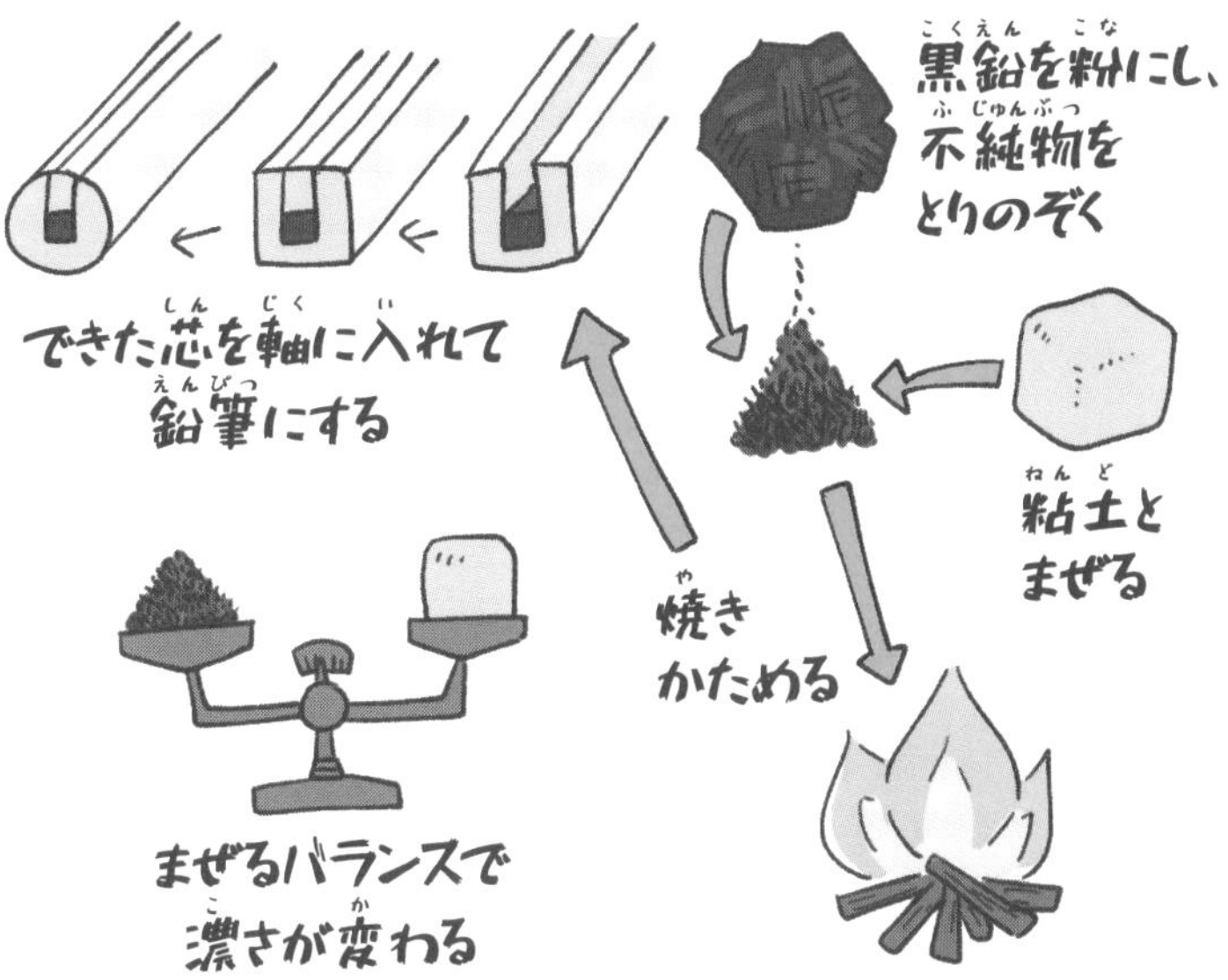

れは**「黒鉛《こくえん》のカスや、質《しつ》が悪《わる》いヨーロッパ産《さん》の黒鉛《こくえん》でなんとかしろ！」**というムチャぶりです。

　そこでカルノーが頼《たよ》ったのが発明家《はつめいか》・画《が》家《か》のニコラ・ジャック・コンテ。コンテは**黒鉛《こくえん》の切《き》れはしやカス、まざりものが多《おお》く質《しつ》の悪《わる》い黒鉛《こくえん》を粉《こな》にし、まざりものをとりのぞいてから、粘土《ねんど》と水《みず》をまぜて型《かた》に入《い》れて焼《や》く方法《ほうほう》**を思《おも》いつきました。これは、お茶《ちゃ》わんなどの陶磁器《とうじき》に近《ちか》い作《つく》り方《かた》です。

　この方法《ほうほう》だと、黒鉛《こくえん》と粘土《ねんど》の割合《わりあい》を変《か》えて、いろんな濃《こ》さの芯《しん》を作《つく》れます。当時《とうじ》39歳《さい》のコンテが、**命令《めいれい》されてからたった8日《ようか》で生《う》み出《だ》したこの芯《しん》の作《つく》り方《かた》**は、今《いま》の鉛筆《えんぴつ》でもほとんど変《か》わっていません。

鉛筆《えんぴつ》の進化《しんか》の歴史《れきし》

黒鉛《こくえん》の大《おお》きさや
かたちをととのえて
糸《いと》でまいたり…

板《いた》ではさんだり
していた

コンテが作《つく》った今《いま》のような鉛筆《えんぴつ》ができる前《まえ》、人《ひと》びとはどうやって黒鉛《こくえん》で字《じ》を書《か》いていたのでしょうか。

まず、黒鉛《こくえん》はイギリスで発見《はっけん》されました。**強《つよ》い風《かぜ》で大《おお》きな木《き》がたおれ、根《ね》っこのところから羊飼《ひつじか》いが見《み》つけたという伝説《でんせつ》**もあります。1500年代《ねんだい》の後半《こうはん》には、黒鉛《こくえん》は広《ひろ》く知《し》られるようになっていました。

当時《とうじ》いちばんつかわれていた筆記用具《ひっきようぐ》は、羽根《はね》ペンとインクですが、それに比《くら》べると黒鉛《こくえん》は手軽《てがる》にもちはこべて便利《べんり》です。ただ、そのままだと手《て》がよごれるので、ちょうどいい大《おお》きさとかたちにととのえて、糸《いと》でまいたり、板《いた》ではさんだり、木《き》の軸《じく》にさしこんだりしてつかっていました。

ざんねん鉛筆《えんぴつ》

「財閥《ざいばつ》じゃないよ鉛筆《えんぴつ》」を三菱鉛筆《みつびしえんぴつ》が作《つく》った悲《かな》しいワケ

これでヨシ！
GHQ《ジーエイチキュー》
NON-ZAIBATSU《ノンザイバツ》
MITSU BISHI PENCILS
ローマ字《じ》にしただけでいいのか…

第二次世界大戦《だいにじせかいたいせん》で負《ま》けた日本《にっぽん》を占領《せんりょう》したGHQ《ジーエイチキュー》が進《すす》めたのが、三井《みつい》、三菱《みつびし》、住友《すみとも》などの財閥《ざいばつ》の解体《かいたい》です。そのとばっちりをうけたのが三菱鉛筆《みつびしえんぴつ》。**財閥《ざいばつ》の三菱《みつびし》とはなにも関係《かんけい》ないのに、「名前《なまえ》とマークが同《おな》じだから、三菱《みつびし》マークの使用禁止《しようきんし》！」**といわれたのです。三菱鉛筆《みつびしえんぴつ》が大《だい》反論《はんろん》すると、条件《じょうけん》つきでマークの使用《しよう》が認《みと》められます。それは**「財閥《ざいばつ》とは無関係《むかんけい》」と製品《せいひん》に書《か》く**こと。だから、当時《とうじ》の三菱鉛筆《みつびしえんぴつ》の箱《はこ》には「NON-ZAIBATSU《ノンザイバツ》」と書《か》かれています。

びっくり！鉛筆《えんぴつ》

日本《にっぽん》に現存《げんそん》する最古《さいこ》の鉛筆《えんぴつ》は徳川家康《とくがわいえやす》のもの

日本《にっぽん》に鉛筆《えんぴつ》が伝《つた》わったのは、江戸時代《えどじだい》のはじめごろ。**今《いま》のこっているいちばん古《ふる》い鉛筆《えんぴつ》は、徳川家康《とくがわいえやす》のものです**。オランダ人《じん》からのプレゼントだったようで、静岡市《しずおかし》の久能山東照宮博物館《くのうざんとうしょうぐうはくぶつかん》に保存《ほぞん》されています。また、**伊達政宗《だてまさむね》のお墓《はか》「瑞鳳殿《ずいほうでん》」からも鉛筆《えんぴつ》が発見《はっけん》されています。**

日本《にっぽん》で本格的《ほんかくてき》な鉛筆作《えんぴつづく》りが始《はじ》まったのは1874年《ねん》。その前年《ぜんねん》にオーストリアで開《ひら》かれたウィーン万国博覧会《ばんこくはくらんかい》を見学《けんがく》した人《ひと》たちが、作《つく》り方《かた》を日本《にっぽん》に伝《つた》えました。

最新《さいしん》の鉛筆《えんぴつ》たち

1560年代《ねんだい》に黒鉛《こくえん》が発見《はっけん》され、1794年《ねん》にコンテが基礎《きそ》を作《つく》った鉛筆《えんぴつ》は、さらに進化《しんか》して今《いま》につづいています。最新《さいしん》の鉛筆《えんぴつ》の一部《いちぶ》を見《み》てみましょう。

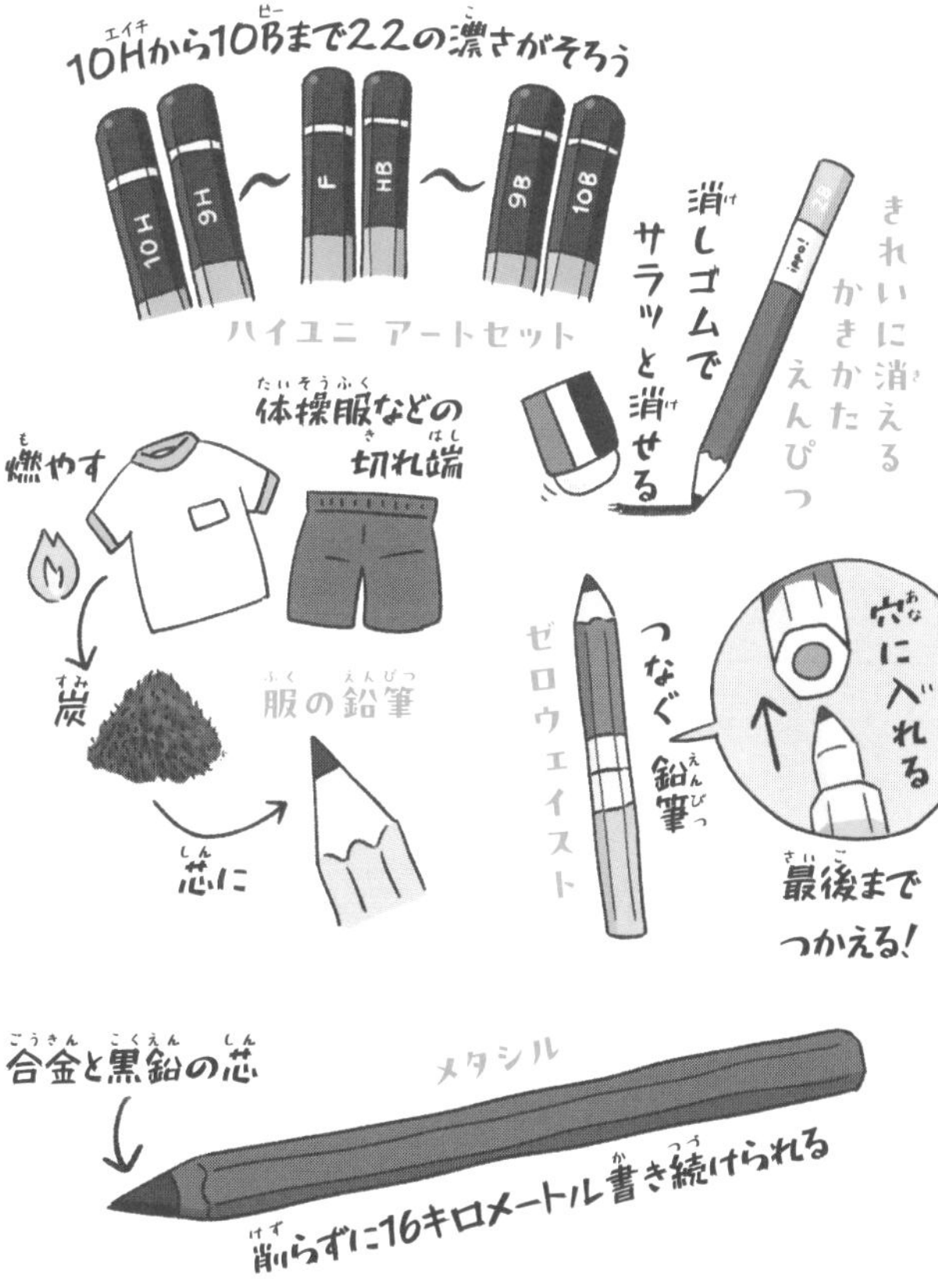

びっくり! シャープペンシル

0.5ミリのシャープペンの芯《しん》はじつはもうちょっと太《ふと》い

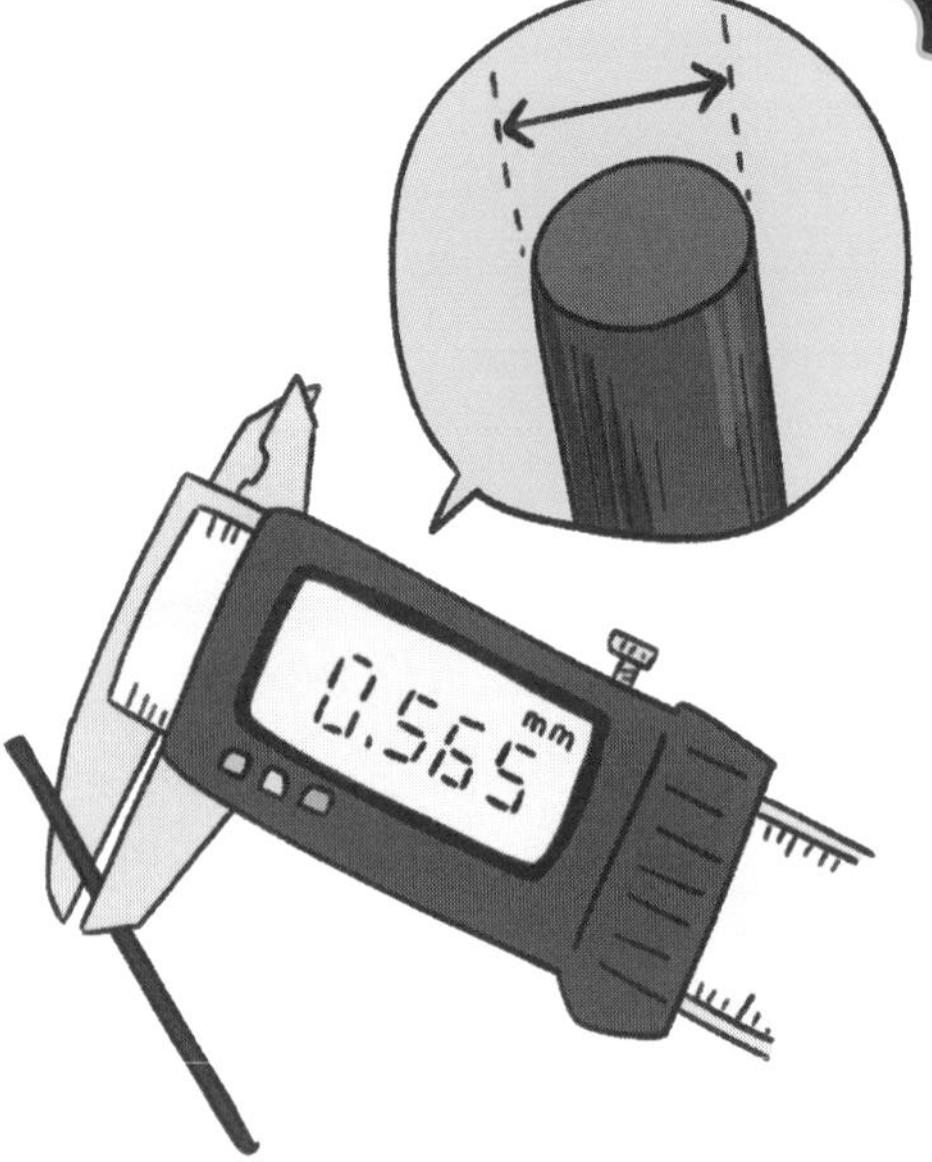

パッケージに「0・5」と書《か》かれているシャープペンシルの芯《しん》の太《ふと》さを測《はか》ってみると……あれれ計測器《けいそくき》の数字《すうじ》は「0・565ミリメートル」。じつは、文房具《ぶんぼうぐ》メーカーが守《まも》っているJIS《ジス》というルールで**「0・5ミリのシャープペンシルの芯《しん》は、0・55ミリから0・58ミリの間《あいだ》の太《ふと》さで作《つく》ること」と決《き》められている**のです。どうして、そんなヘンなルールなのでしょう?

鉛筆《えんぴつ》の芯《しん》は黒鉛《こくえん》と粘土《ねんど》でできています

JIS《ジス》はJapanese Industrial Standards（日本産業規格《にほんさんぎょうきかく》）の略《りゃく》

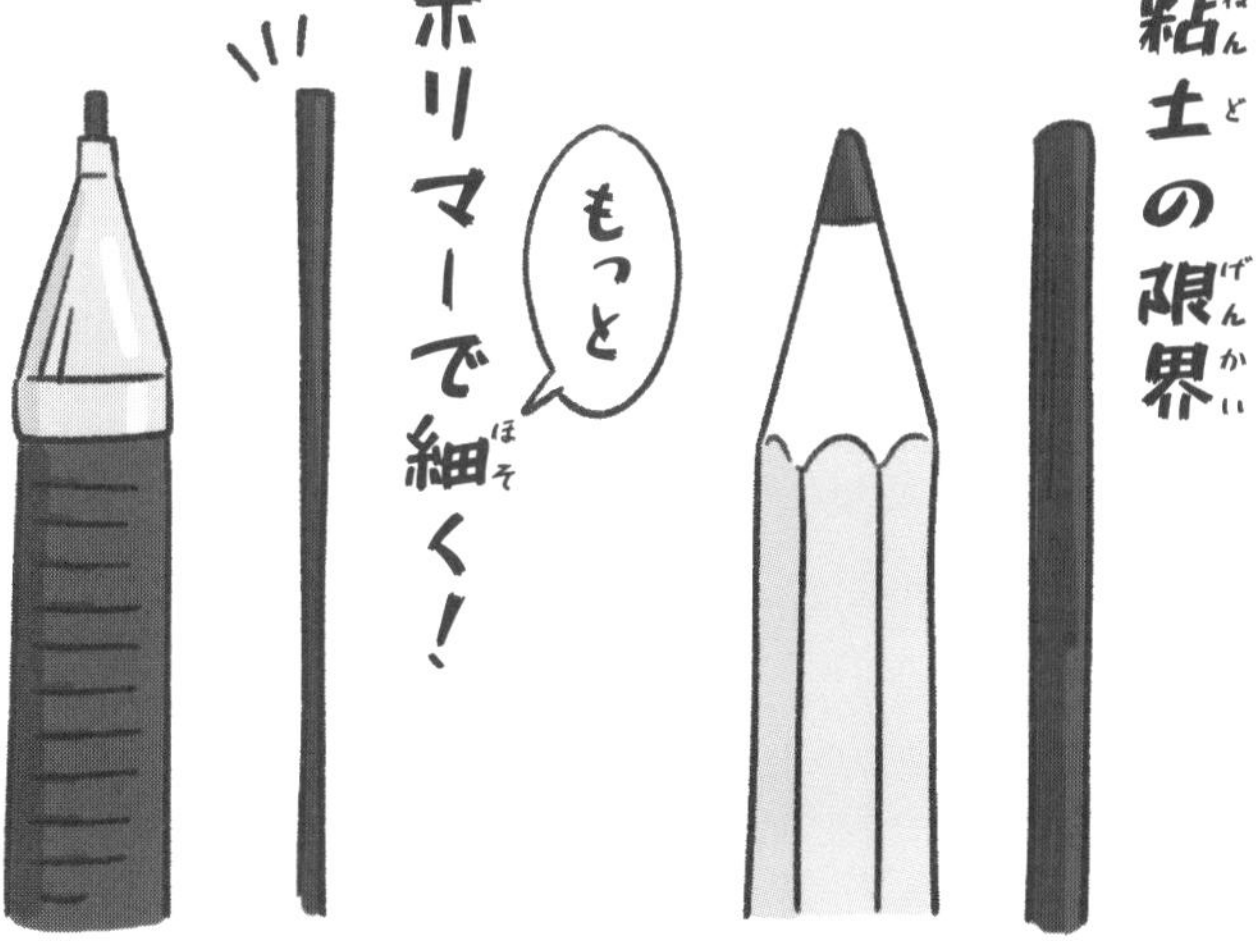

が、その材料《ざいりょう》では細《ほそ》い芯《しん》が作《つく》れません。

そこで文房具《ぶんぼうぐ》メーカーのぺんてる社《しゃ》が、**粘土《ねんど》の代《か》わりにプラスチックの一種《いっしゅ》、ポリマーをつかう方法《ほうほう》**を発明《はつめい》。これで、細《ほそ》いのに折《お》れず、くっきり書《か》けるシャープペンシルの芯《しん》が誕生《たんじょう》したのです。1962年《ねん》に0・5ミリの芯《しん》が発売《はつばい》されました。

じつは、**このときの芯《しん》は0・5ミリよりも少《すこ》し太《ふと》かったのですが、お客《きゃく》さんにわかりやすいよう、パッケージには「0・5」と書《か》きました。**ほかのメーカーも、太《ふと》さをぺんてる社《しゃ》に合《あ》わせました。あとからできたJIS《ジス》のルールは、すでに世《よ》の中《なか》にある製品《せいひん》をもとに考《かんが》えたので、今《いま》のようなちょっとヘンな決《き》まりができたのです。

びっくり！シャープペンシル

SHARP《シャープ》という社名《しゃめい》はシャープペンシルが由来《ゆらい》

シャープペンシルの原型《げんけい》ができたのは１８００年《ねん》ごろ。当《とう》時《じ》の芯《しん》は鉛筆《えんぴつ》と同《おな》じような太《ふと》さで、この芯《しん》を金属《きんぞく》などの軸《じく》に入《い》れ、先《さき》がすりへったら押《お》し出《だ》せるようにしたのがシャープペンシルです。

日本《にっぽん》では早川徳次《はやかわとくじ》が海外《かいがい》のものを参考《さんこう》にして改良《かいりょう》し、１９１５年《ねん》に「早川式繰出鉛筆《はやかわしきくりだしえんぴつ》」として特許《とっきょ》をとりました。**早川《はやかわ》徳次《とくじ》がのちに作《つく》った会社《かいしゃ》が、家電《かでん》メーカーのSHARP《シャープ》です。**社名《しゃめい》はシャープペンシルが由来《ゆらい》になっていたんですね。

最新《さいしん》のシャーペンたち

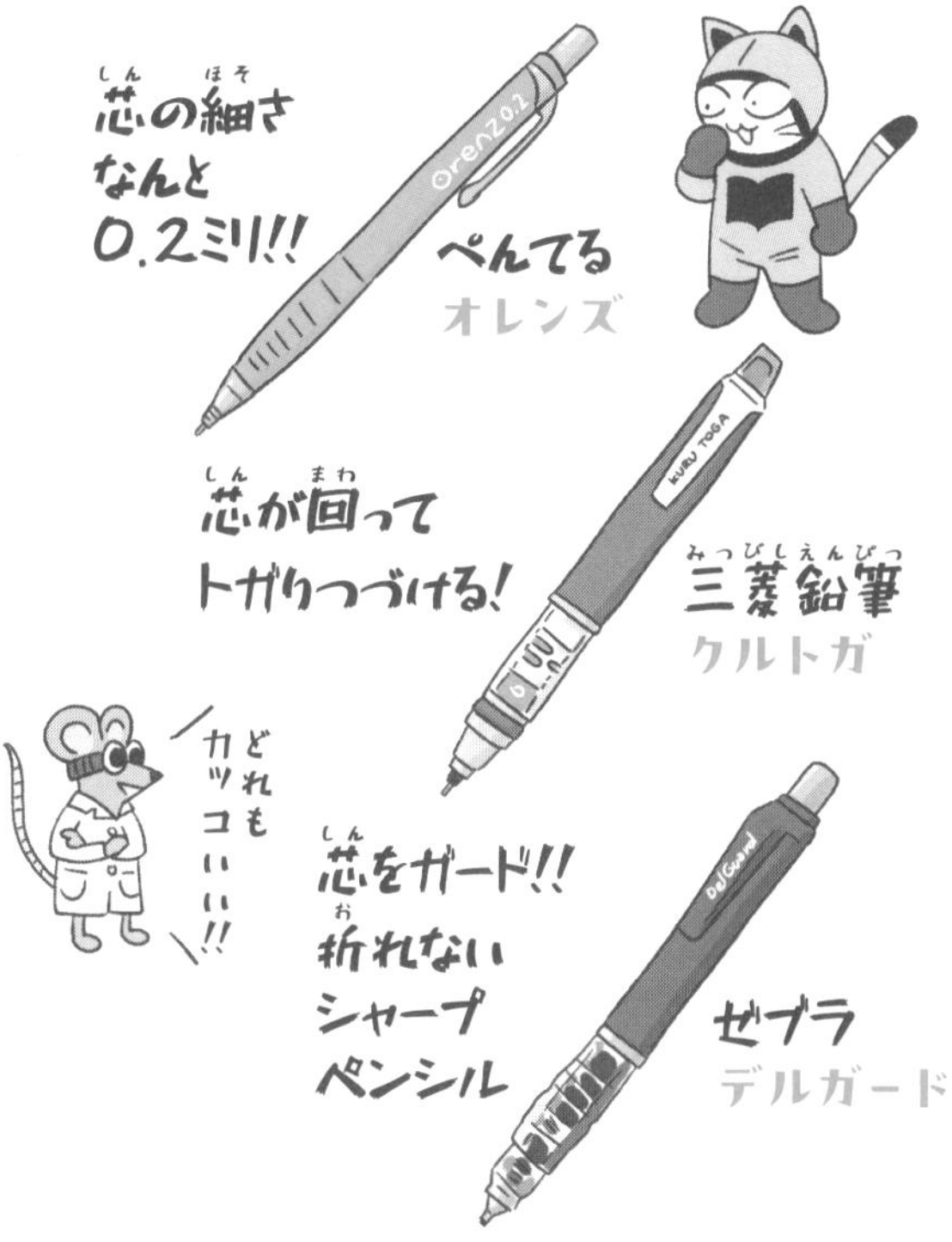

シャープペンシルの芯《しん》はどんどん進化《しんか》し、今《いま》は0.2ミリという細《ほそ》さのものもあります。そんなに細《ほそ》いのに、折《お》れずに書《か》けるなんてすごいですね。教科書《きょうかしょ》や辞書《じしょ》のせまいスキマにも、メモをたくさん書《か》きこめます。ほかにも、芯《しん》が自動的《じどうてき》に回《まわ》ってとがりつづけるもの、書《か》く力《ちから》が強《つよ》くても折《お》れにくいものなど、便利《べんり》な機能《きのう》がついた製品《せいひん》がいろいろありますよ。

ざんねん
ペン

羽根《はね》ペンの羽根《はね》は生《い》きた鳥《とり》から引《ひ》き抜《ぬ》いて作《つく》ってた

鉛筆《えんぴつ》もボールペンもない時代《じだい》に生《う》まれ、6世紀《せいき》から19世紀《せいき》という長《なが》いあいだ西洋《せいよう》でつかわれていたのは、鳥《とり》の羽《はね》から作《つく》った羽《は》根《ね》ペンです。

ペンには、ガチョウの羽《はね》がよくつかわれました。**つばさのはしにならんでいる風切《かざきり》羽《ばね》を、生《い》きた鳥《とり》から引《ひ》き抜《ぬ》く**のです。

かわいそうな気《き》もしますが、自然《しぜん》に抜《ぬ》けた羽根《はね》や、死《し》んで時間《じかん》がたったガチョウから抜《ぬ》いた羽根《はね》は質《しつ》が悪《わる》かったのです。だか

ガチョウには16本《ぽん》の風切羽《かざきりばね》が生《は》えてるらしい

ら羽《は》根《ね》が生《は》え変《か》わる時期《じき》の直前《ちょくぜん》に引《ひ》き抜《ぬ》いていました。ただこれは、お肉《にく》を食《た》べるだけでなく、鳥《とり》のぜんぶをムダなくつかうという、昔《むかし》の人《ひと》の知恵《ちえ》でもありました。

羽根《はね》は、根《ね》もとの部分《ぶぶん》をナイフで削《けず》り、かたちをととのえてペンにします。ペン先《さき》はインクをためられないので、ちょくちょくインクつぼにつけて、インクをつけなおす必要《ひつよう》がありました。

でも、**つけすぎると今度《こんど》はボタッとたれてしまうので、ちょうどいいカンジにするのはむずかしかった**ようです。ペン先《さき》もすぐにすりへるので、専用《せんよう》のナイフでしょっちゅう削《けず》りなおしていました。ちょっと、いやかなり、めんどうですよね。

美《うつく》しいアラビア文字《もじ》は葦《あし》ペンから生《う》まれた

羽根《はね》ペンの前《まえ》につかわれていたのは、葦《あし》ペンです。葦《あし》は川《かわ》や湖《みずうみ》の岸辺《きしべ》にはえる植物《しょくぶつ》で、茎《くき》をかわかして先《さき》をナナメに切《き》りおとし、切《き》りこみを入《い》れてペンにします。丈夫《じょうぶ》ではないのですぐダメになりますが、そのペン先《さき》のかたちは羽根《はね》ペンや万年筆《まんねんひつ》にもひきつがれました。また、**葦《あし》ペンはペン先《さき》の切《き》りかたで書《か》ける線《せん》が変《か》わります。**書《か》く向《む》きによって線《せん》が細《ほそ》くも太《ふと》くもなる、なんてペンも。美《うつく》しいアラビア文字《もじ》は、このペン先《さき》から生《う》まれました。

ペン先《さき》のかたちいろいろ

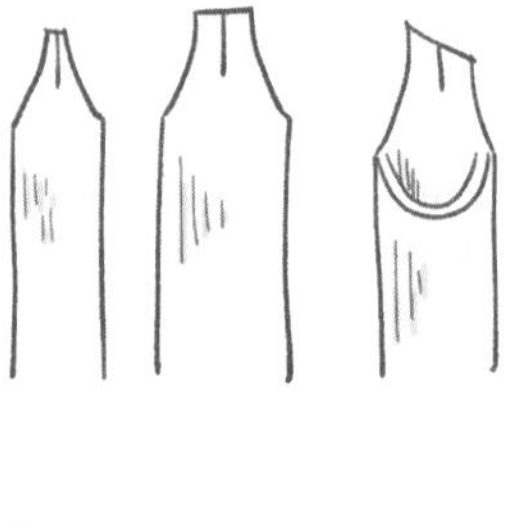

السلام عليكم

美《うつく》しいアラビア文字《もじ》

びっくり！ペン

東洋《とうよう》の歴史《れきし》でいちばん長《なが》くつかわれた筆記用具《ひっきようぐ》は、筆《ふで》

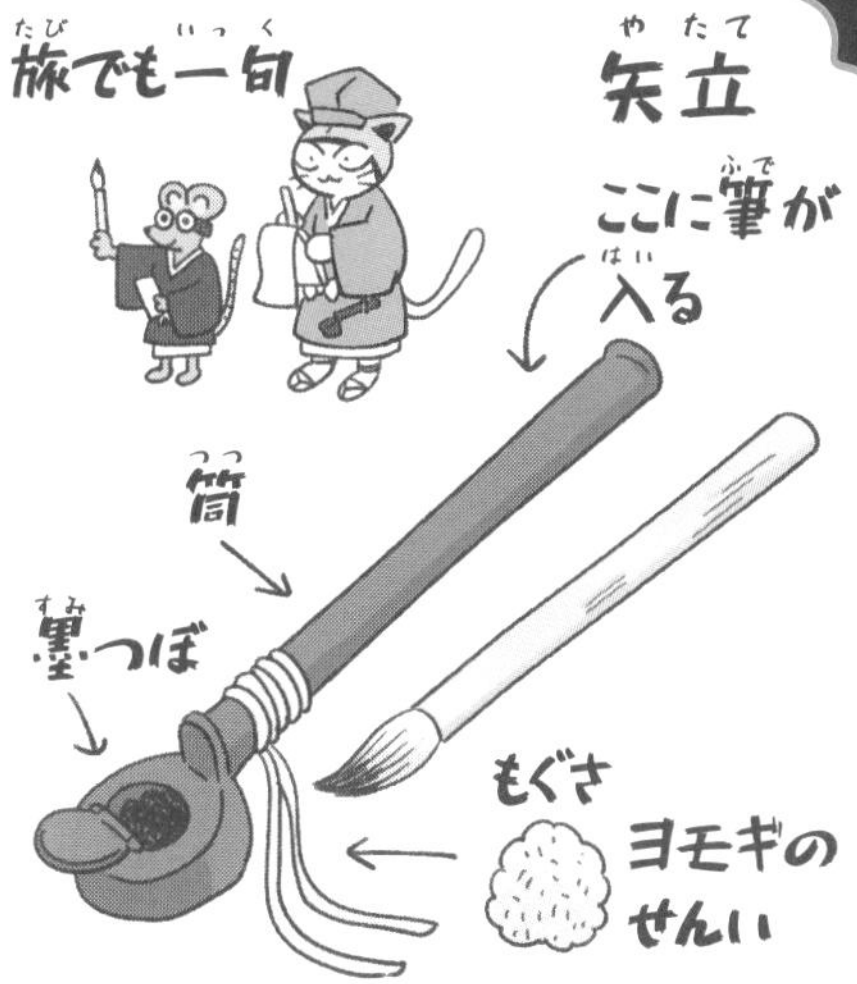

筆《ふで》の歴史《れきし》はとても古《ふる》く、はじまりは約《やく》3500年前《ねんまえ》の中国《ちゅうごく》までさかのぼります。日本《にっぽん》では大正時代《たいしょうじだい》ごろまで、筆《ふで》が中心《ちゅうしん》でした。**筆《ふで》は、東洋《とうよう》の歴史《れきし》でいちばん長《なが》くつかわれた筆記用具《ひっきようぐ》なのです。**

旅先《たびさき》など、家《いえ》の外《そと》で筆《ふで》をつかうときは、矢立《やたて》に入《い》れてもちはこびました。矢立《やたて》には筆《ふで》を入《い》れる筒《つつ》と、墨《すみ》つぼがあります。墨《すみ》つぼには綿《わた》やもぐさを入《い》れ、墨《すみ》をしみこませていました。これはこれで、便利《べんり》そうですね。

ざんねん ペン

発明《はつめい》されたペンはどれもインクにつける手間《てま》があった

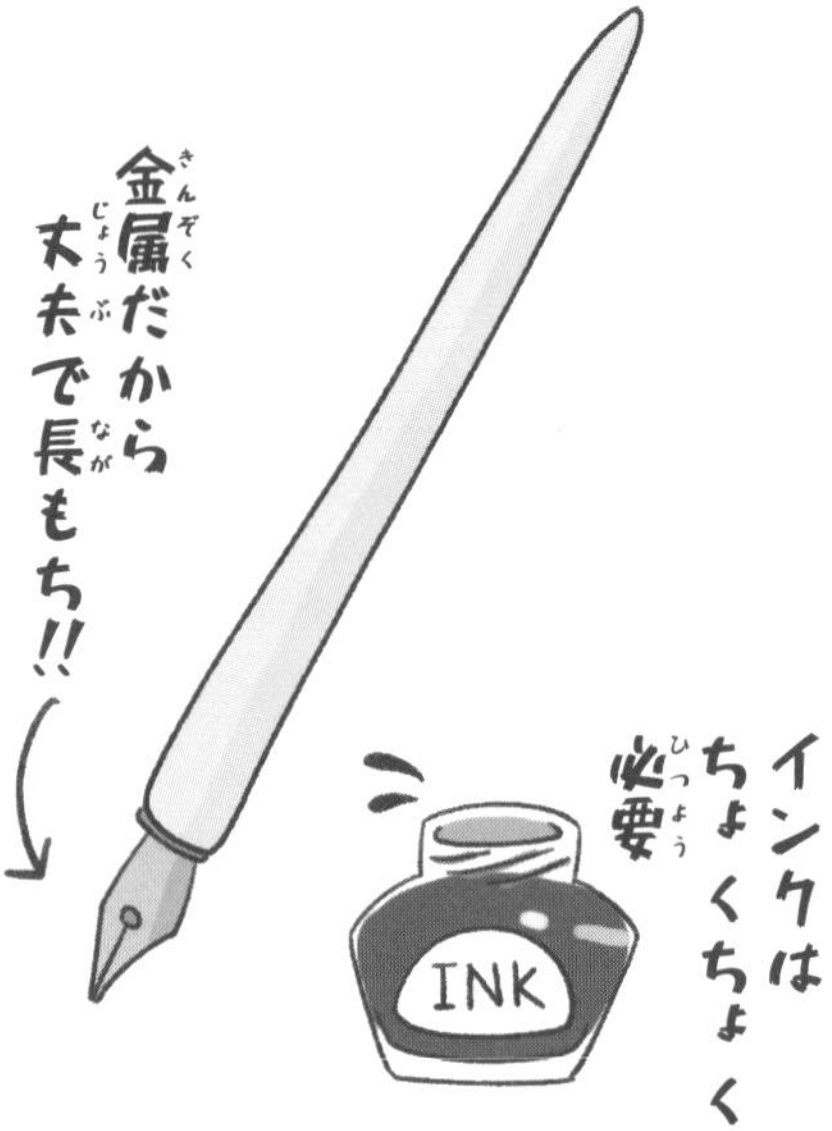

葦《あし》ペンや羽根《はね》ペンのあと、より丈夫《じょうぶ》で長《なが》もちする素材《そざい》として目《め》をつけられたのが金属《きんぞく》です。**1800年代《ねんだい》には技術力《ぎじゅつりょく》が上《あ》がり、細《ほそ》くてしなりのある金属製《きんぞくせい》のペン先《さき》が作《つく》れるようになりました。**ペン先《さき》がいたんだら、ペン軸《じく》からはずして交換《こうかん》するだけ。ナイフで削《けず》りなおすよりラクですね。

でも、**何回《なんかい》もインクつぼにつけないといけない**ところは変《か》わりません。

また、今《いま》の文房具《ぶんぼうぐ》好きな人《ひと》に人気《にんき》のガラ

ガラスペン、最近《さいきん》は100円《えん》ショップでも売《う》ってるね

ガラスはほかの物質《ぶっしつ》と反応《はんのう》しにくいので理科《りか》の実験道具《じっけんどうぐ》にも

みぞにたっぷり
インクをためる

取《と》り扱《あつか》いはチューい!

スペンも、もともとは実用品《じつようひん》でした。ヨーロッパでの登場《とうじょう》は1800年代《ねんだい》で、日本《にっぽん》では1900年《ねん》ごろから作《つく》られるようになりました。**ガラスは複雑《ふくざつ》なかたちが作《つく》れて、ほかの物質《ぶっしつ》と反応《はんのう》しにくい素材《そざい》です。**また、インクだけでなく墨汁《ぼくじゅう》で書《か》くこともできました。

さらに、ガラスペンは、表面《ひょうめん》にこまかいみぞがたくさんあり、ここにインクをたっぷりためられます。ハガキ1枚《まい》ぶんくらいなら、インクをとちゅうでつぎたさなくても、書《か》きつづけることができます。

ただ、**ガラスなので、ちょっと落《お》としただけでペン先《さき》が欠《か》けたり、割《わ》れたりしやす**いのがざんねんなところです。

ざんねん

ペン

昔《むかし》のインクはすごい酸性《さんせい》で紙《かみ》もペンもすぐボロボロになった

昔《むかし》のヨーロッパなどでは、羊《ひつじ》の皮《かわ》から作《つく》った羊皮紙《ようひし》（86ページ）などに文字《もじ》を書《か》いていました。

そのとき、人《ひと》びとは虫《むし》こぶ（昆虫《こんちゅう》などが植物《しょくぶつ》に産卵《さんらん》・寄生《きせい》することで植物《しょくぶつ》が異常発達《いじょうはったつ》してできるこぶ状《じょう》のもの）から作《つく》ったインクをつかっていました。

虫《むし》こぶのインクは羊皮紙《ようひし》と化学反応《かがくはんのう》を起《お》こして、皮《かわ》の色《いろ》そのものを変《か》えるので、こすっても消《き》えない文字《もじ》が書《か》けたのです。

表面《ひょうめん》にちょん、とのっているだけの絵《え》の具《ぐ》は、ページをめくったり、こすったりしたときにはがれてしまうことも。でも、虫《むし》こぶインクなら、こすっても、何百年《なんびゃくねん》たっても、書《か》いた文《も》字《じ》は消《き》えません。

ただ、**インクは強力《きょうりょく》な酸性《さんせい》なので、鉄《てつ》のペン先《さき》はすぐにいたんでしまいます**。また、**文字《もじ》の部分《ぶぶん》の紙《かみ》がとけて、紙《かみ》に穴《あな》があいてしまう**こともありました。そこまで強力《きょうりょく》だと、なんだか元《もと》も子《こ》もないような、そんな気《き》もしてしまいます。

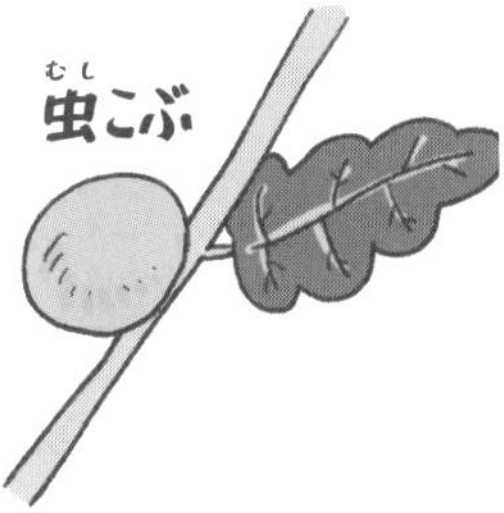
虫《むし》こぶ

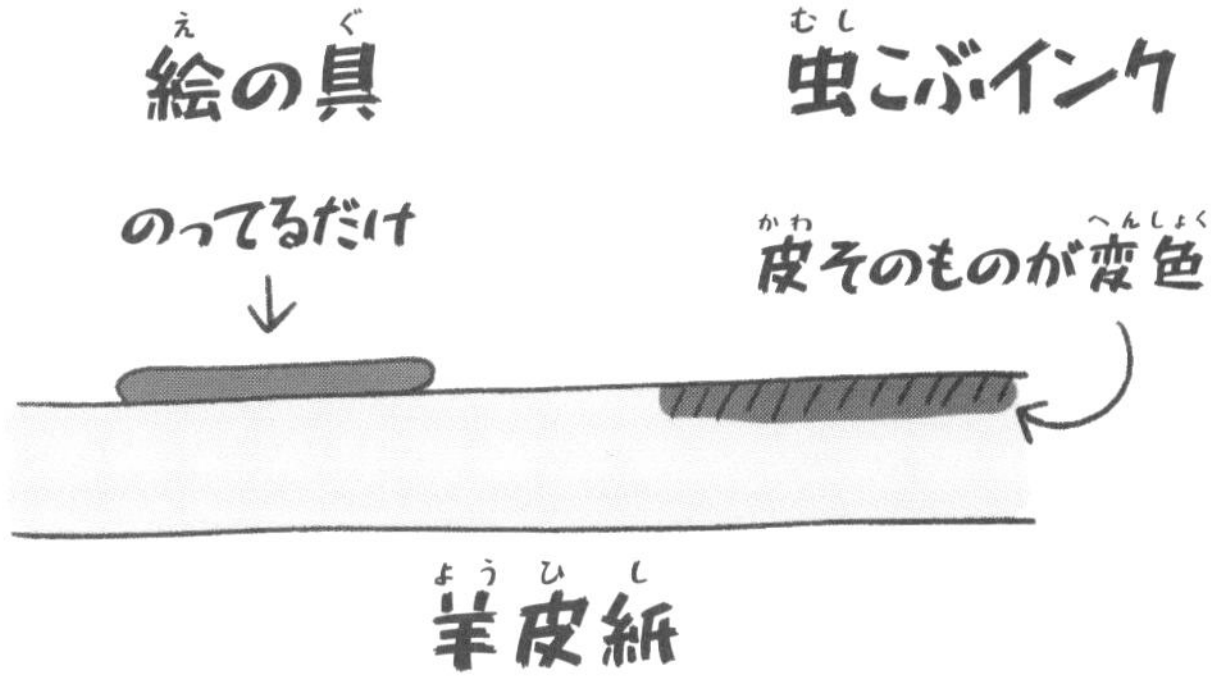
絵《え》の具《ぐ》
虫《むし》こぶインク
のってるだけ
皮《かわ》そのものが変色《へんしょく》
羊皮紙《ようひし》

ボロボロ…
文字《もじ》のところだけ穴《あな》が…

びっくり！ペン

万年筆《まんねんひつ》が書《か》けるのは毛細管現象《もうさいかんげんしょう》というしくみのおかげ

インクつぼと紙《かみ》の間《あいだ》を何度《なんど》も行《い》き来《き》するめんどうくささをどうにかしたいというのは、多《おお》くの人《ひと》の願《ねが》いでした。

１８００年代《ねんだい》はじめくらいから、ペンの軸《じく》にインクを入《い》れる筆記用具《ひっきようぐ》はたくさん作《つく》られましたが、問題《もんだい》は**インクのコントロール**です。

インクの出《で》る量《りょう》は多《おお》すぎても、少《すく》なすぎてもいけません。また、温度《おんど》や気圧《きあつ》の変化《へんか》によって、ペンのなかの空気《くうき》がふくらむと、インクがボタボタッとあふれてしまうこともありました。

この問題《もんだい》を解決《かいけつ》する決定的《けっていてき》な発明《はつめい》をしたのが、アメリカのルイス・エドソン・ウォーターマンです。

１８８３年《ねん》、ウォーターマンは**毛細管現象《もうさいかんげんしょう》（液体《えきたい》が細《ほそ》いみぞにそって移動《いどう》する現象《げんしょう》）**を応《おう》用し、インクを出《だ》す細《ほそ》いみぞと、出《で》たインクと同《おな》じ量《りょう》の空気《くうき》をペンにもどす太《ふと》いみぞを組《く》み合《あ》わせる、画期的《かっきてき》な方法《ほうほう》を考《かんが》えました。

これは、今《いま》の万年筆《まんねんひつ》にもつかわれているしくみです。

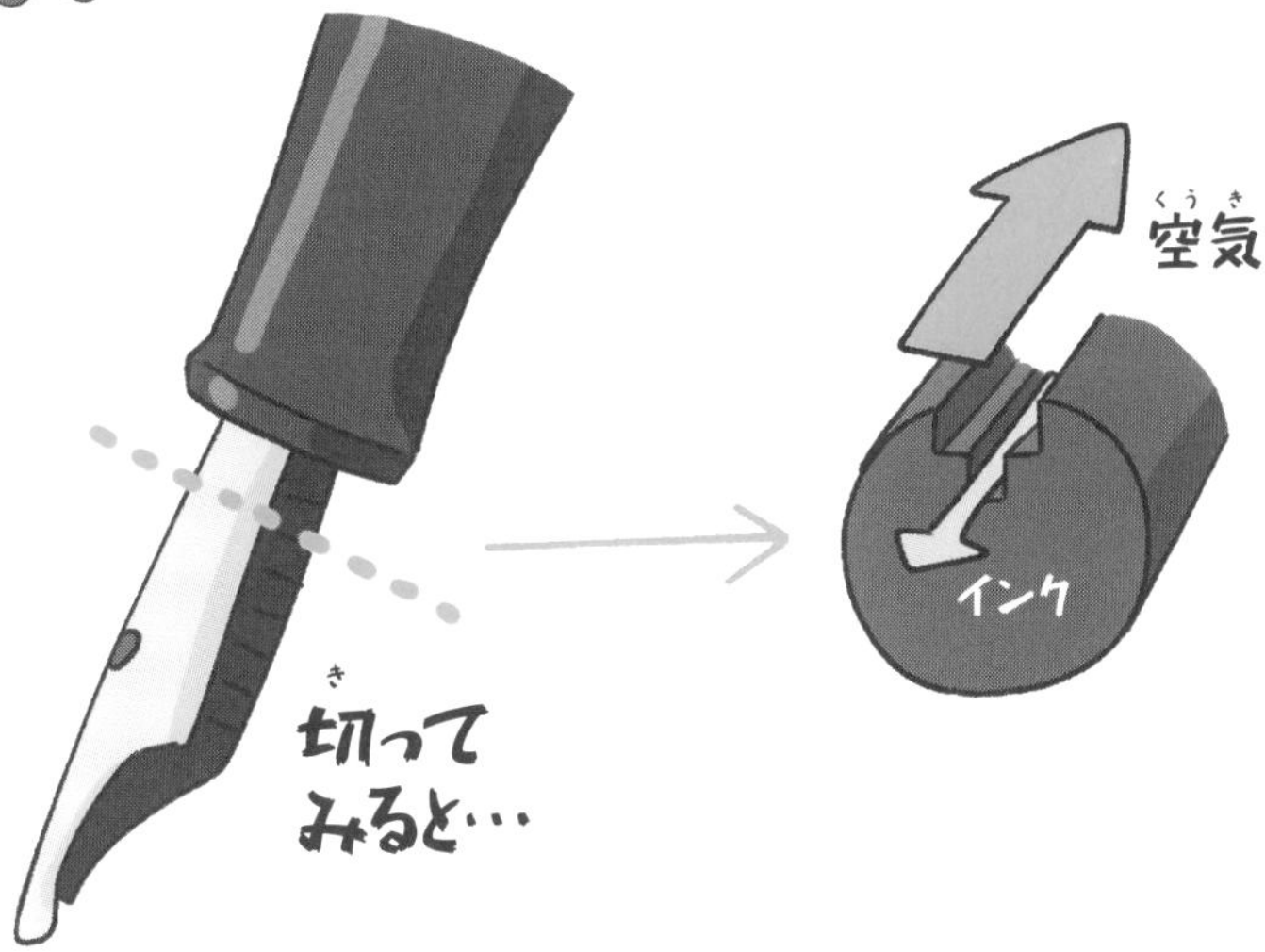

ウォーターマンは今も超有名な筆記具のブランドだよ

切って
みると…

空気

インク

インクが→
出たのと
同じだけ
空気が入る

こんな
イメージ！

びっくり！ペン

店員《てんいん》さんが白《しろ》い手《て》ぶくろでボールペンの便利《べんり》さをアピール

ペン先《さき》につけた小《ちい》さなボールを回転《かいてん》させ、なかのインクを紙《かみ》にうつして書《か》くボールペンのアイデアは、1880年代《ねんだい》にはありました。

しかし、インクをペン先《さき》に送《おく》るのに重力《じゅうりょく》だけをつかう方法《ほうほう》はうまくいきません。中身《なかみ》がへるとインクが出《で》なくなったり、インクがあたたまるとペン先《さき》からボタボタともれてきたりして、紙《かみ》や手《て》をよごしてしまうのです。

これを解決《かいけつ》したのが、ハンガリーで生《う》まれたラズロ・ビロです。

ビロは、**新聞《しんぶん》の印刷《いんさつ》につかわれていた、ねばりがあって早《はや》くかわくインクをペンにつかう**ことを思《おも》いつきました。

さらに、毛細管現象《もうさいかんげんしょう》をつかう方法《ほうほう》で、インクのもれないボールペンを作《つく》り、発売《はつばい》。1946年《ねん》にビロのボールペンを売《う》ったアメリカのデパートでは、**店員《てんいん》さんが白《しろ》い手《て》ぶくろをして、インクがもれないから手《て》がよごれないことをアピール**しました。これは、当時《とうじ》のほかのメーカーには、まねのできないやりかたでした。

重力《じゅうりょく》がない宇宙空間《うちゅうくうかん》だとボールペンはつかえないみたい

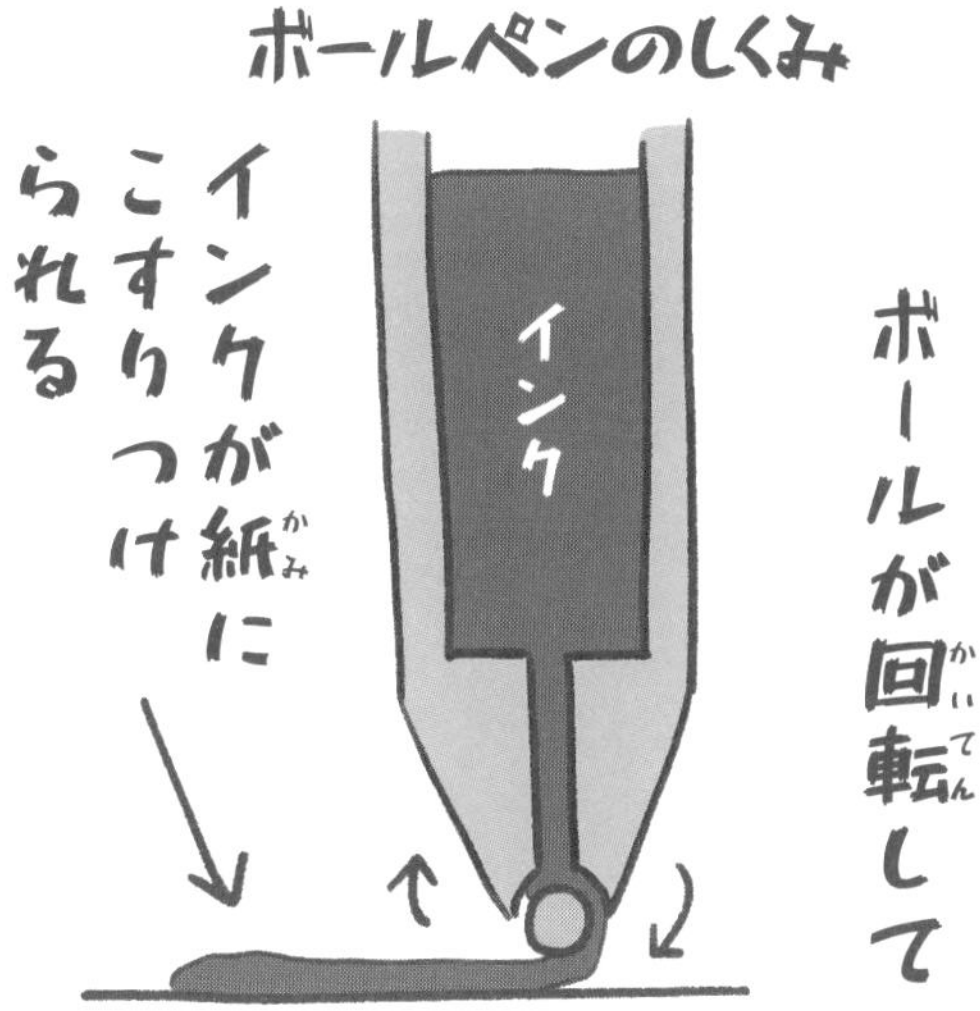

カラフルなボールペンはこだわりまくる日本人《にほんじん》が生《う》んだ

ボールペンのインクは、色《いろ》をつける顔料《がんりょう》や染料《せんりょう》と、それをとかしこむための溶剤《ようざい》でできています。

最初《さいしょ》のボールペンのインクは油性《ゆせい》。油《あぶら》が溶剤《ようざい》なので、もったりとしています。そこで、**溶剤《ようざい》を油《あぶら》から水《みず》に変《か》えたのが水性《すいせい》インク**です。日本《にっぽん》のオート社《しゃ》が1964年《ねん》にはじめて開発《かいはつ》。さらに1972年《ねん》にぺんてる社《しゃ》が水性《すいせい》インクの「ボールPentel《ペンテル》」を発《はつ》売《ばい》すると、書《か》きごこちがなめらかだと、世《せ》

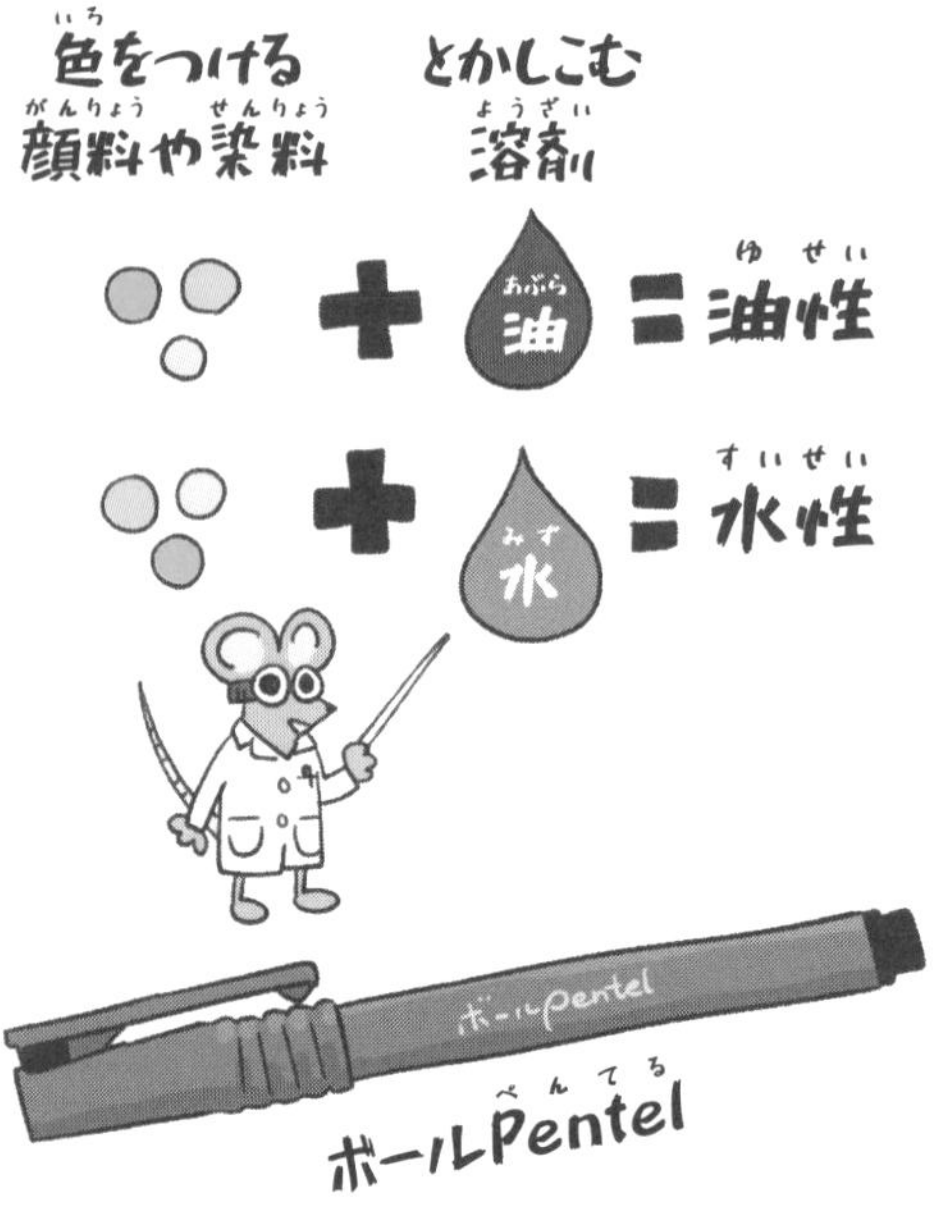

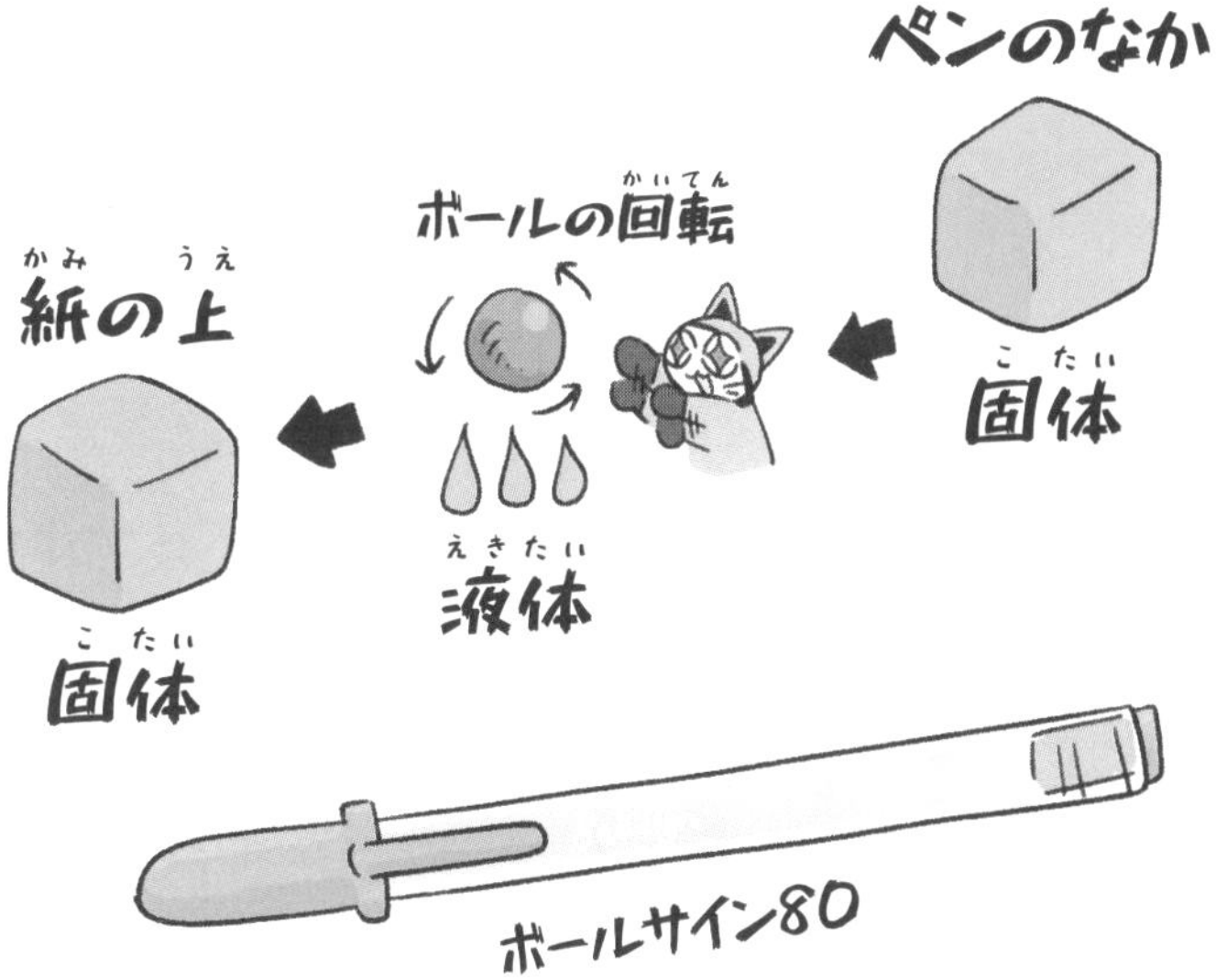

界中《かいじゅう》で大《だい》ヒットしました。

しかし、水性《すいせい》インクだけで満足《まんぞく》する日本《にほん》人《じん》ではありません。サクラクレパス社《しゃ》が新《あたら》しくゲルインクを発明《はつめい》し、１９８４年《ねん》に「ボールサイン」として発売《はつばい》。**ゲルインクはペンのなかでは固体《こたい》ですが、ペン先《さき》のボールが回転《かいてん》するとそのエネルギーで液体《えきたい》になり、紙《かみ》の上《うえ》でまた固体《こたい》にもどります。**早《はや》くかわき、にじまず、細《ほそ》い線《せん》で書《か》けます。

また、**ゲルインクだと顔料《がんりょう》がインクのなかでしずまないので、鮮《あざ》やかな色《いろ》をつけたり、ラメを入《い》れたりできます。**１９８７年《ねん》にサクラクレパス社《しゃ》が発売《はつばい》した「ボールサイン80」は、40色《しょく》ものバリエーションがある画期的《かっきてき》なものでした。

ボールペンを買《か》うとき日本人《にほんじん》だけやることがある

ペン売《う》り場《ば》には、試《ため》し書《が》き用《よう》の紙《かみ》がおいてありますよね。世界中《せかいじゅう》の試《ため》し書《が》き用紙《ようし》を集《あつ》めるコレクター・寺井広樹《てらいひろき》さんによると**「試《ため》したのとちがうペンを買《か》うのは日本人《にほんじん》だけ」**だそう。日本以外《にほんいがい》だと、お店《みせ》のボールペンにも「書《か》けないもの」がまざっていることがあるので、**ペンが書《か》けるか確認《かくにん》するのが試《ため》し書《が》きの目的《もくてき》**なんだとか。

今《いま》の私《わたし》たちにとっては「書《か》けてあたりまえ」のペンですが、そうなるまでにはどれだけの苦労《くろう》があったでしょう。

最新《さいしん》のペンたち

ボールペンは誕生《たんじょう》してからまだ100年《ねん》もたっていない新《あたら》しい筆記用具《ひっきようぐ》ですが、その進化《しんか》はめざましいものです。2024年時点《ねんじてん》での最新《さいしん》のボールペンを見《み》てみましょう。

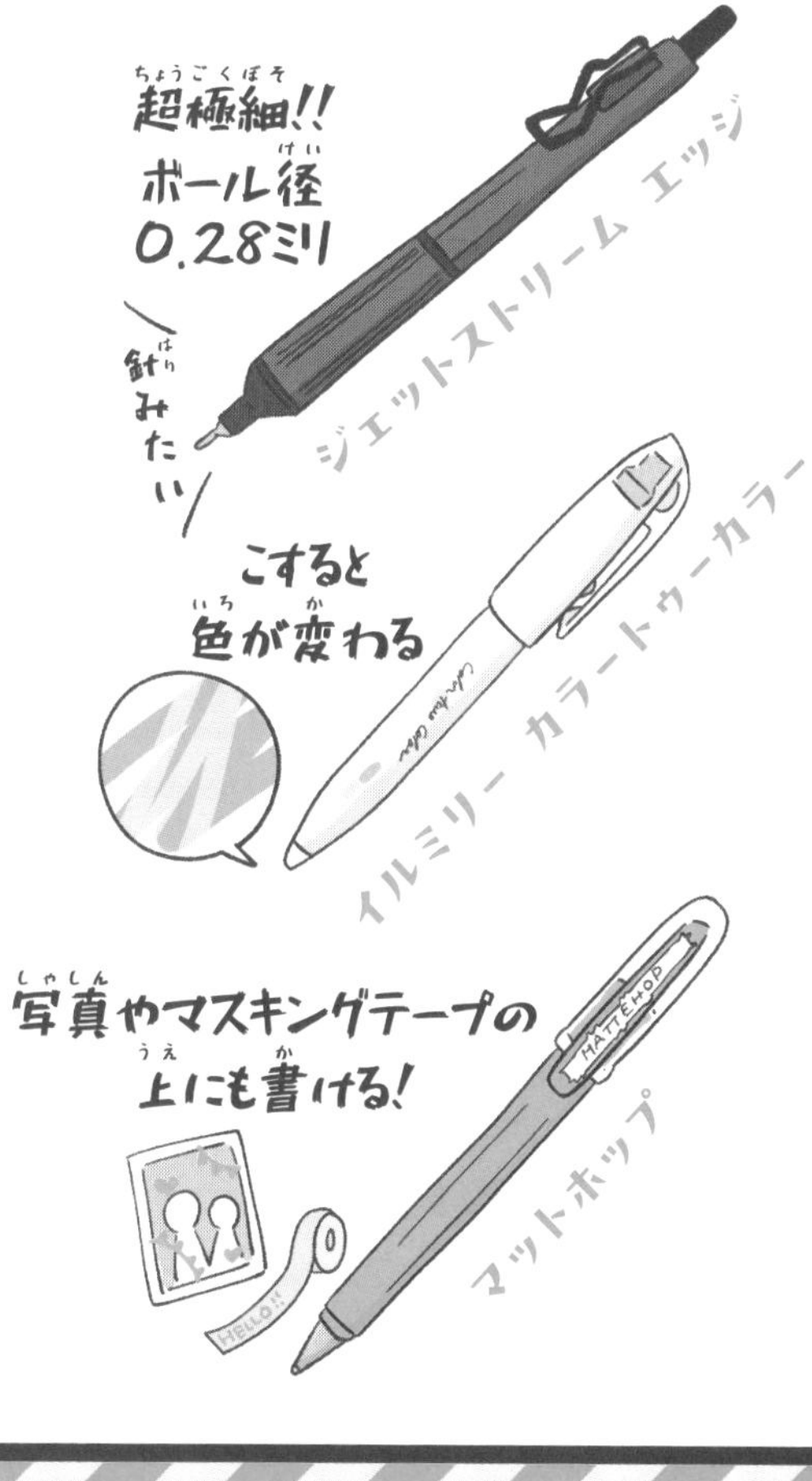

天然《てんねん》ゴムの消《け》しゴムは夏《なつ》はベトベト、冬《ふゆ》はカチコチ

昔《むかし》の消《け》しゴムは、天然《てんねん》ゴムから作《つく》られていました。

天然《てんねん》ゴムが西洋《せいよう》の人《ひと》びとに発見《はっけん》されたのは、コロンブスがアメリカ大陸《たいりく》へ航海《こうかい》した1493年《ねん》ごろといわれています。

航海先《こうかいさき》で現地《げんち》の人《ひと》がはずむボールを作《つく》っているのを見《み》て、「おもしろい物質《ぶっしつ》だね」とヨーロッパにもちかえったものの、**長《なが》いあいだ、とくに使《つか》いみちはありませんでした。**

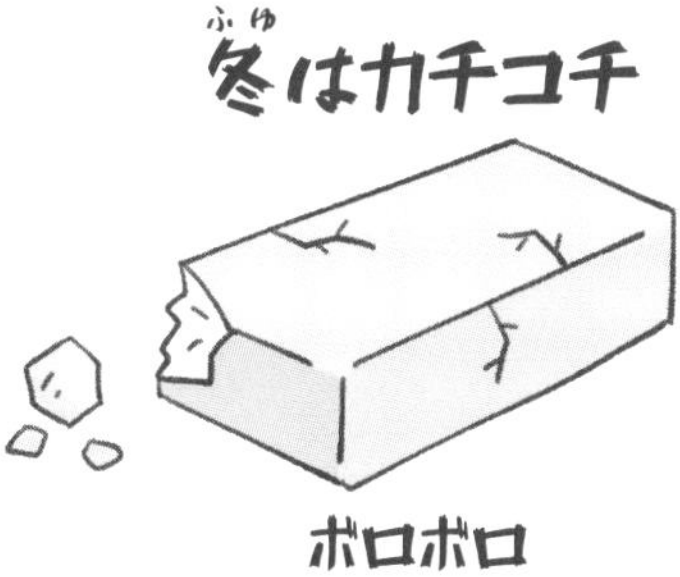

コロンブスはアメリカ大陸をインドだと勘違いしてたとか……

夏はベトベト

ドロドロ

冬はカチコチ

ボロボロ

だれが最初に気づいたのかはわかりませんが、1770年代には「天然ゴムでこすると、鉛筆で書いた線がキレイに消せる!」と知られるようになっていました。

これは、**黒鉛が筆記用具としてつかわれるようになってから、じつに200年もあと**のことです。それまで、人類は消しゴムなしでがんばっていたのですね。

天然ゴムは便利でよく消えます。でも、なにぶん野生のゴムの木からとれる樹液が材料なので、品質が一定ではないのがなやみでした。

また、**温度の影響をうけやすく、夏はベトベト、冬はカチコチになってしまうと**いう、ざんねんな点もありました。

プラスチック製《せい》の消《け》しゴムはじつは日本《にっぽん》生《う》まれ！

天然《てんねん》ゴムは生産《せいさん》できる国《くに》が限《かぎ》られています。**「もっとよく消《き》えて、日本《にっぽん》でも作《つく》れる消《け》しゴムの素材《そざい》はないだろうか？」**と考《かんが》え出《だ》されたのが、**塩化《えんか》ビニルというプラスチック**をつかう方法《ほうほう》。塩化《えんか》ビニルの消《け》しゴムは１９５２年《ねん》に堀口乾蔵《ほりぐちかんぞう》が作《つく》り方《かた》の特許《とっきょ》をとり、１９５６年《ねん》にはいくつかの日本《にっぽん》のメーカーが発売《はつばい》しました。

今《いま》となっては、天然《てんねん》ゴムではなく、プラスチックを材《ざい》料《りょう》にした消《け》しゴムのほうがあたりまえになっています。

ざんねん 消《け》しゴム

消《け》しゴムとしてつかったパンを貧乏《びんぼう》な画家《がか》は食《た》べていた

黒鉛《こくえん》や鉛筆《えんぴつ》がつかわれはじめたころ、まだ消《け》しゴムはありませんでした。そこで**線《せん》を消《け》すためにつかっていたのはなんと、固《かた》くなったパン！**

鉛筆《えんぴつ》が登場《とうじょう》したとき、書《か》いたり消《け》したりできることを便利《べんり》に感《かん》じて、よくつかうようになったのは画家《がか》たちです。

でも、お金《かね》がない画学生《がかくせい》にはパンも貴重品《きちょうひん》です。そのため、**デッサンを消《け》すのにつかった真《ま》っ黒《くろ》いパンを、もったいないと食《た》べた人《ひと》もたくさんいた**ようです。

すぐにつかわれなくなった タイプライター専用《せんよう》の消《け》しゴム

紙《かみ》
ひらべったいので
スキマに
入《はい》りやすい
タイプライター
OSEWA
NI NA
TTE MA
SU
まちがえないように…

1950年《ねん》ごろに広《ひろ》まり、すぐに消《き》えた幻《まぼろし》の消《け》しゴムもあります。タイプライター消《け》しゴムです。

タイプライターは、文字《もじ》を打《う》つ機械《きかい》です。キーをたたくと、その文字《もじ》の活字《かつじ》（ハンコのようなもの）が紙《かみ》に打《う》ちつけられます。このとき紙《かみ》と活字《かつじ》の間《あいだ》にインクをしみこませたリボンをはさむと、文字《もじ》が紙《かみ》にうつる、というしくみです。

タイプライターで紙《かみ》に打《う》たれた文字《もじ》は、

ここがブラシ
ヨコから見《み》ると…
にてるかニャ?

パソコンとちがって、やりなおしができません。そこでまちがえたら、タイプライター消《け》しゴムの出番《でばん》です。

ひらべったいかたちなので、ふつうの消《け》しゴムが入《はい》らないスキマにもとどき、ねらった行《ぎょう》だけを削《けず》りとれます。

親切《しんせつ》なことに、消《け》しカスをはらうための小《ち》さなブラシもついていますね。そのかたちから、コメット（すい星《せい》）ともよばれました。

でも**1980年代《ねんだい》にワープロが普及《ふきゅう》すると、この消《け》しゴムはタイプライターとともに消《き》えてしまいました。**まさにすい星《せい》のような、短《みじか》いあいだの輝《かがや》きでした。

白《しろ》い液《えき》でぬりつぶす修正液《しゅうせいえき》はミスにもめげない女性《じょせい》が作《つく》った!

まちがえるとやりなおせないタイプライターのざんねんな点《てん》が、思《おも》わぬ発明《はつめい》につながった例《れい》もあります。1951年《ねん》、アメリカの銀行《ぎんこう》で働《はたら》いていたベティ・ネスミス・グラハムは、タイプライターでミスをしてしまいます。でも、彼女《かのじょ》は考《かんが》えました。**「まちがったところだけ、紙《かみ》と同《おな》じ白《しろ》い色《いろ》の絵《え》の具《ぐ》でぬりつぶせばいいんじゃないの?」**ベティはこのアイデアから、1956年《ねん》に修正液《しゅうせいえき》を商品化《しょうひんか》。のちに会社《かいしゃ》を作《つく》って、大成功《だいせいこう》をおさめました。

ベティさん

LiQUiD
PAPER

ベティさんの修正液《しゅうせいえき》

MACHIGAE
TEMO
DAIJYOBU
DA

紙《かみ》とおなじ白《しろ》い絵《え》の具《ぐ》

ざんねん

修正《しゅうせい》テープ

特許《とっきょ》は先《さき》に出《だ》したのに 発売《はつばい》は2番《ばん》めになった日本《にほん》企業《きぎょう》

修正液《しゅうせいえき》も便利《べんり》ですが、慣《な》れるともっと便利《べんり》なものがほしくなるのが人間《にんげん》です。**液《えき》がかわくのを待《ま》たなくてもよく、表面《ひょうめん》もでこぼこしないものがほしい、と生《う》まれたのが修正《しゅうせい》テープ**でした。修正《しゅうせい》テープは、1984年《ねん》に日本《にっぽん》のシード社《しゃ》が特許《とっきょ》を申請《しんせい》。でも**商品《しょうひん》としてははじめて発売《はつばい》したのはドイツのペリカン社《しゃ》**で、1989年《ねん》のこと。その翌年《よくねん》、シード社《しゃ》は「ケシワード」を1990年《ねん》に発売《はつばい》しました。日本《にっぽん》の製品《せいひん》が世界初《せかいはつ》にならなかったのは、ちょっぴりざんねんですね。

日本初《にほんはつ》の修正《しゅうせい》テープ
ケシワード

KESHI
WORD
にてる?

筆記用具《ひっきようぐ》の使用時期年表《しようじきねんぴょう》

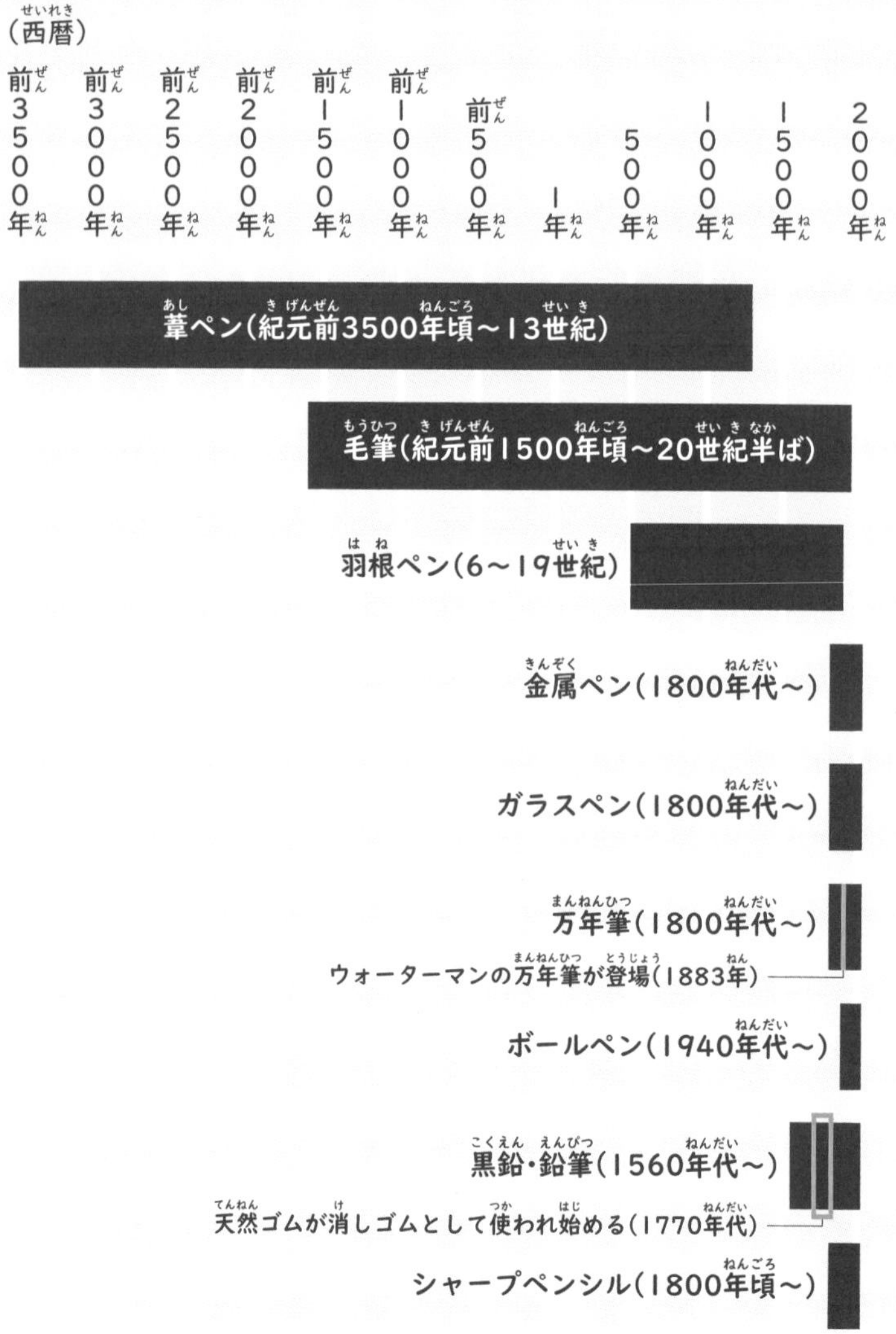

第《だい》2章《しょう》

削《けず》る、切《き》る

ざんねん

鉛筆削り《えんぴつけず》

鉛筆削り《えんぴつけず》の普及《ふきゅう》のウラには悲《かな》しい事件《じけん》があった

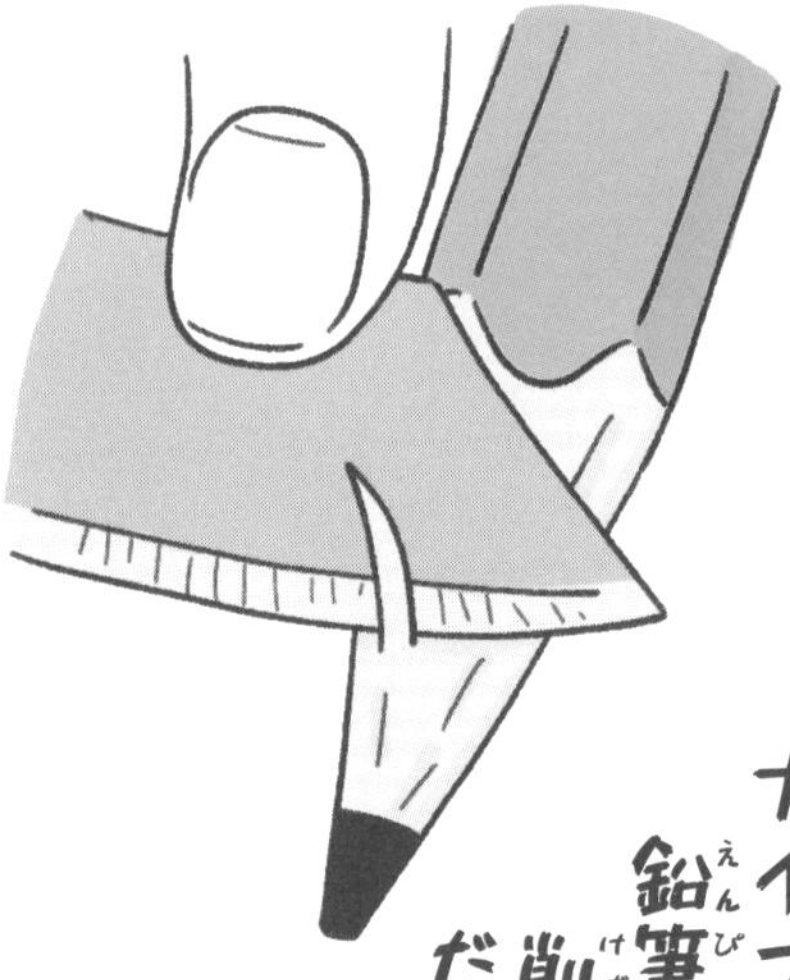

ナイフが鉛筆削り《えんぴつけず》だった

鉛筆削り《えんぴつけず》ができる前《まえ》は、みんなナイフやカミソリで鉛筆《えんぴつ》を削《けず》っていました。

そのため、**筆箱《ふでばこ》には、かならず肥後守《ひごのかみ》やボンナイフといった刃《は》ものが入《はい》っていたの**です。

そのなごりとして、三菱鉛筆《みつびしえんぴつ》の入社式《にゅうしゃしき》では毎年《まいとし》、新入社員《しんにゅうしゃいん》がみんなで鉛筆《えんぴつ》をナイフで削《けず》る、というならわしがあるそうです。

しかし今《いま》では、ナイフで鉛筆《えんぴつ》を削《けず》る人《ひと》はほとんどいませんね。その原因《げんいん》は、とある

肥後《ひご》は今《いま》の熊本県《くまもとけん》あたりの昔《むかし》の呼《よ》び方《かた》だって

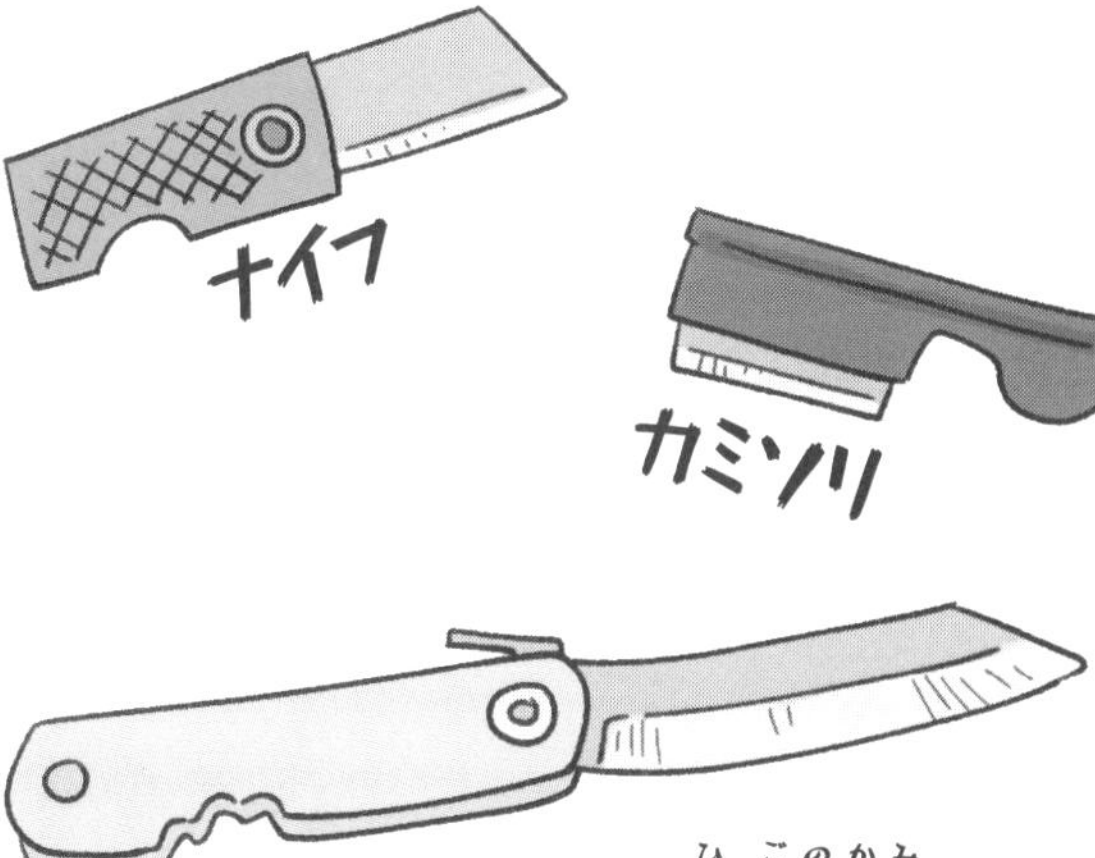

悲《かな》しい事件《じけん》にありました。

1960年《ねん》、社会党《しゃかいとう》の委員長《いいんちょう》をつとめていた浅沼稲次郎《あさぬまいねじろう》が、演説中《えんぜつちゅう》にさし殺《ころ》される事件《じけん》がおこりました。

犯人《はんにん》は、17歳《さい》の少年《しょうねん》。これをきっかけに、刃《は》もののもちあるきを禁止《きんし》しようという運《うん》動《どう》が全国《ぜんこく》に広《ひろ》がります。

もちろん、**鉛筆《えんぴつ》を削《けず》るための小《ちい》さいナイフでもダメ。**ぜんぶ禁止《きんし》です。

でも、鉛筆《えんぴつ》は削《けず》らないと書《か》けませんよね。そこで、当時《とうじ》まだ日本国内《にほんこくない》での生産《せいさん》がはじまったばかりだった、鉛筆削《えんぴつけず》りが急速《きゅうそく》に広《ひろ》まったのでした。

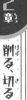

使《つか》い勝手《がって》はわからないけど

とにかくカッコいい

鉛筆削《えんぴつけず》りコレクション

約《やく》5億《おく》3880万年前《まんねんまえ》から約《やく》4億《おく》8540万年前《まんねんまえ》はカンブリア紀《き》とよばれています。このころ、動物《どうぶつ》の種類《しゅるい》や数《かず》がものすごくふえたので、「カンブリア紀《き》の大爆発《だいばくはつ》」ともいわれています。19世紀《せいき》の終《お》わりごろから20世紀《せいき》のはじめには、鉛筆削《えんぴつけず》りの進化《しんか》が大爆発《だいばくはつ》していました。たとえば、こちらの鉛筆削《えんぴつけず》りはたくさんの小《ちい》さなナイフがついていて、ハンドルをまわすとナイフがぐるぐる回転《かいてん》し、鉛筆《えんぴつ》が削《けず》れます。そのかたちはカンブリア紀《き》の最強《さいきょう》生物《せいぶつ》、アノマロカリスにも通《つう》じるかも？　つかいやすかったのかはわかりませんが、とにかくカッコいいのはまちがいありません。

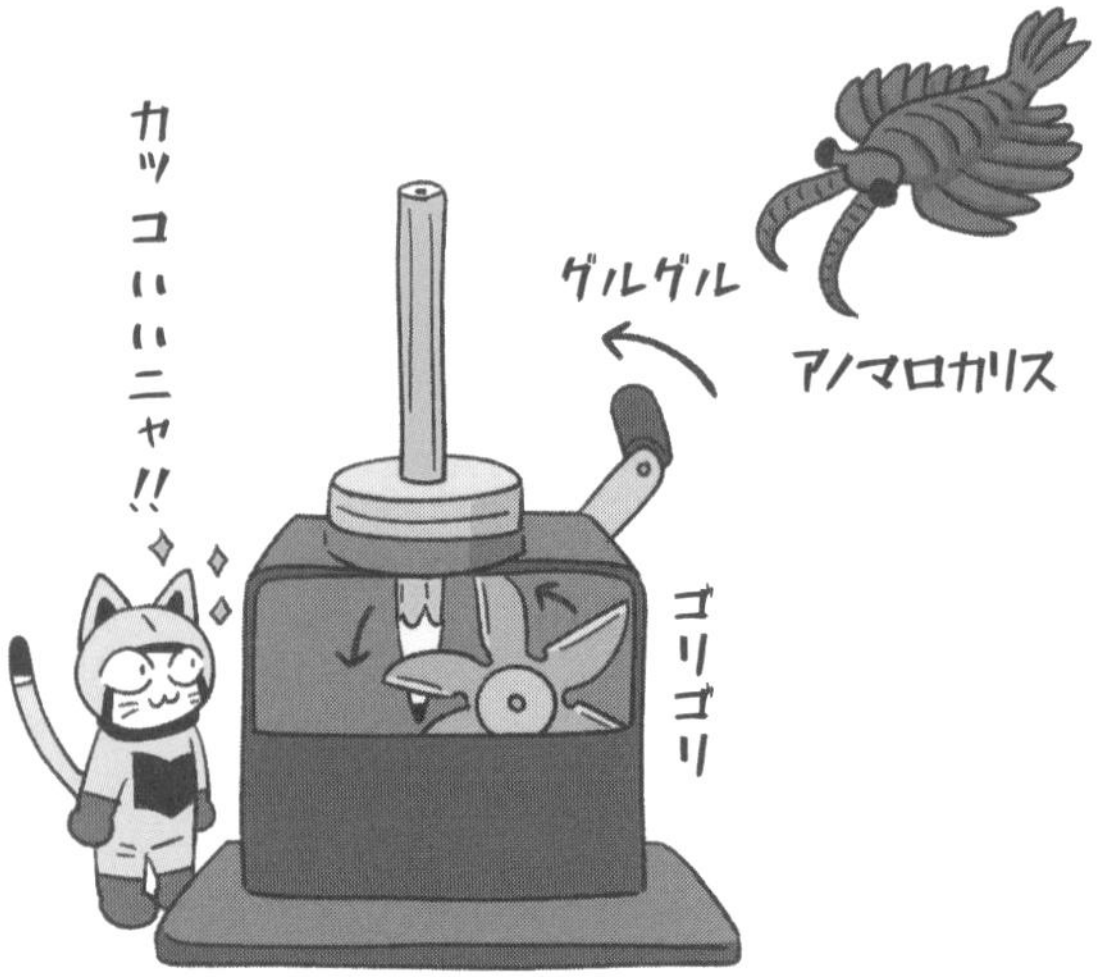
カッコいいニャ!!
グルグル
アノマロカリス
ゴリゴリ

ほかにも
イロイロ

ディスク形《がた》のやすりにおしあてる

おかかは
ダイスキ…♡

カツオぶし削《けず》り器《き》みたいな

ナイフがついた鉛筆《えんぴつ》キャップ

最新《さいしん》の鉛筆削《えんぴつけず》りたち

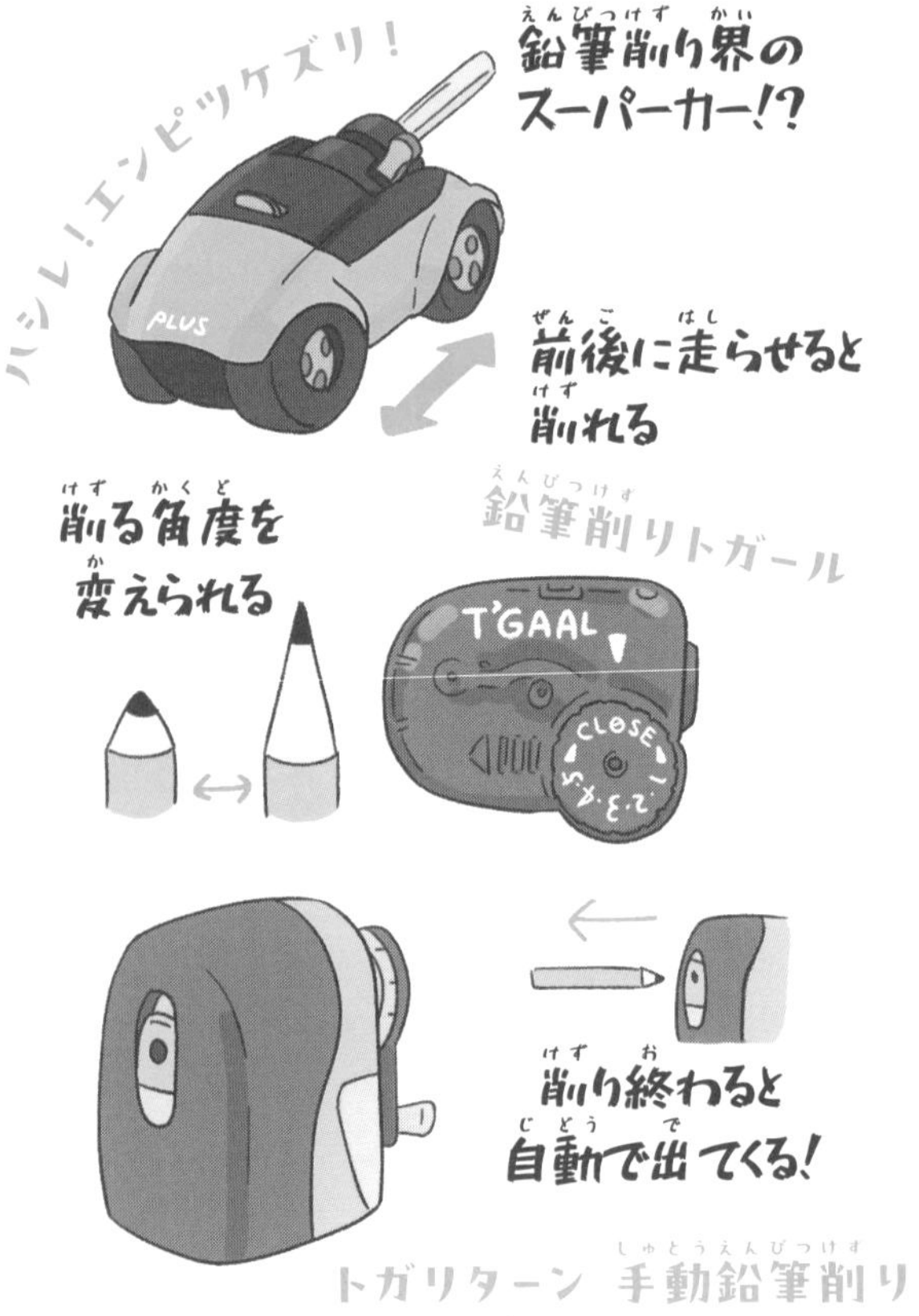

昔《むかし》のヘンテコな鉛筆削《えんぴつけず》りにもワクワクしますが、最新《さいしん》の鉛《えん》筆削《ぴつけず》りだって負《ま》けていません。すごい機能《きのう》がついているものが、いろいろありますよ。

ざんねん

カッター

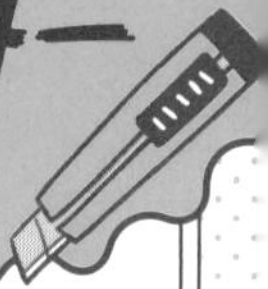

最初《さいしょ》のカッターの刃《は》は58度《ど》という中途半端《ちゅうとはんぱ》な角度《かくど》

カッターナイフの刃《は》の角度《かくど》をはかると、あれれ**58度《ど》**。なんだか中途半端《ちゅうとはんぱ》です。最初《さいしょ》にカッターを作《つく》った人《ひと》も、キリよく60度《ど》にするつもりでした。でも、**そのときにつかった分度器《ぶんどき》が、ざんねんなことに正確《せいかく》ではなかった**のです。そのため、60度《ど》にしたはずが、58度《ど》になったんだそう。その角度《かくど》で機械《きかい》も作《つく》ったので、**しかたなく58度《ど》で作《つく》りつづけ、今《いま》も58度《ど》**です。でもご安心《あんしん》を。あとからできた種類《しゅるい》の刃《は》は、30度《ど》や65度《ど》などになっていますよ。

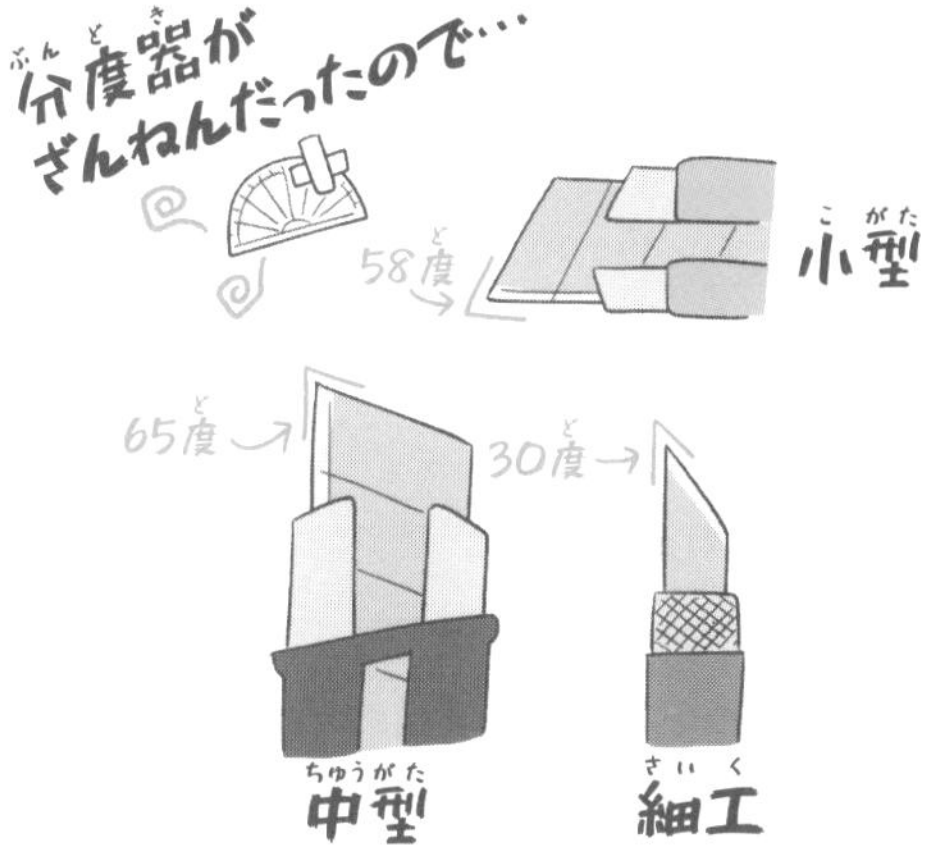

あとからできたものはキリがいい

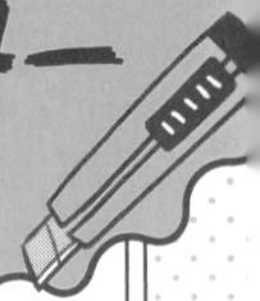

クレームが来《く》ることもある カッターの刃《は》のへこみの意味《いみ》

新《あたら》しいカッターナイフの刃《は》を見《み》てみると、**前《まえ》と後《うし》ろがちょこっと欠《か》けている**のがわかると思《おも》います。後《うし》ろのへこみは、刃《は》をひっこめるとき、ボディのカドにぶつからないようにするためのものです。

カッターナイフの刃《は》は、工場《こうじょう》で作《つく》っているとき、最初《さいしょ》はなが～い状態《じょうたい》です。なので、前《まえ》のへこみは、後《うし》ろのへこみとつながっていた部分《ぶぶん》、というわけ。

「まだいちども折《お》られていない、新品《しんぴん》ですよ」ということがわかる目印《めじるし》にもなるので、つけたままにしているんだとか。たとえるなら、「このトイレ、おそうじをしたばかりですよ」の目《め》印《じるし》として、トイレットペーパーを三角《さんかく》に折《お》る、みたいなイメージでしょうか。

でも、**そうとは知《し》らないお客《きゃく》さんから、「新《しん》品《ぴん》なのに刃《は》が欠《か》けている！」と文房具《ぶんぼうぐ》メーカーにクレームが入《はい》ることもあるとか、ないとか。**

よかれと思《おも》ってしたことが、まさかクレームになるなんて……。ちょっぴりざんねんな話《はなし》です。

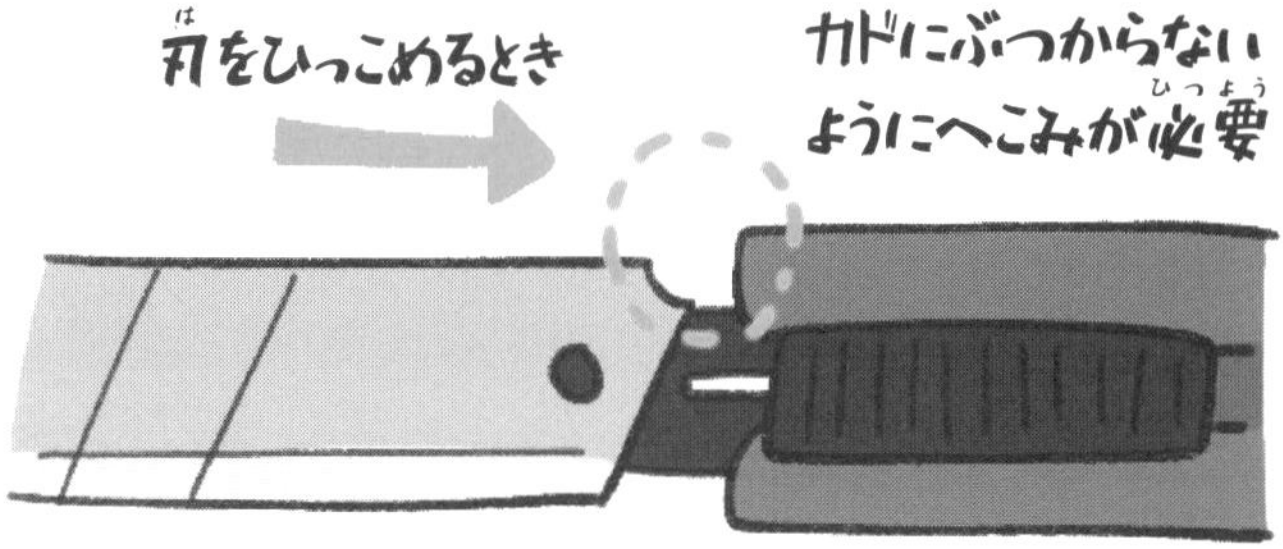
刃《は》をひっこめるとき
カドにぶつからないようにへこみが必要《ひつよう》

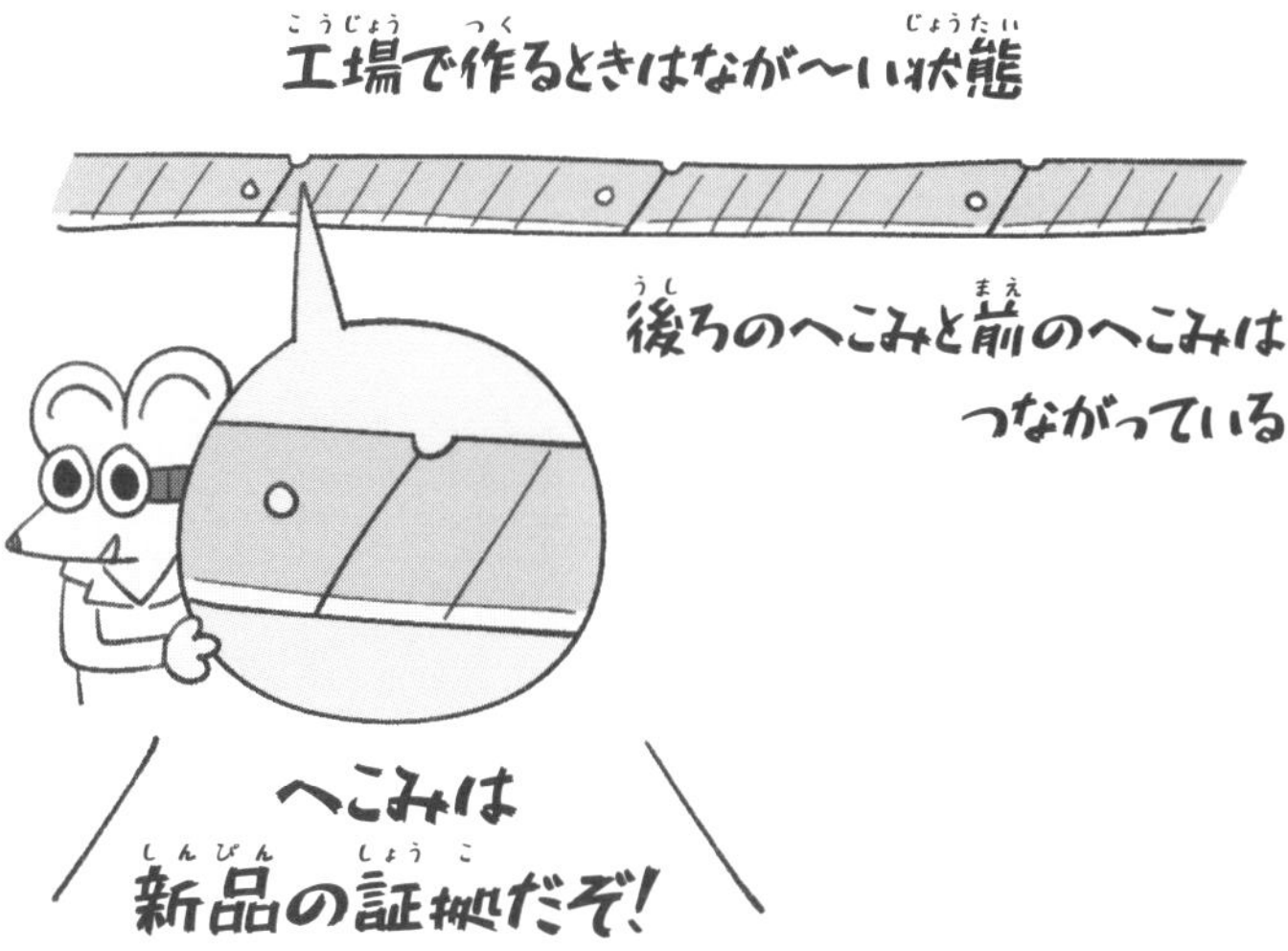
工場《こうじょう》で作《つく》るときはなが〜い状態《じょうたい》
後《うし》ろのへこみと前《まえ》のへこみはつながっている
へこみは新品《しんぴん》の証拠《しょうこ》だぞ!

刃《は》を折《お》る式《しき》のカッターの名前《なまえ》はちょっとしたダジャレ

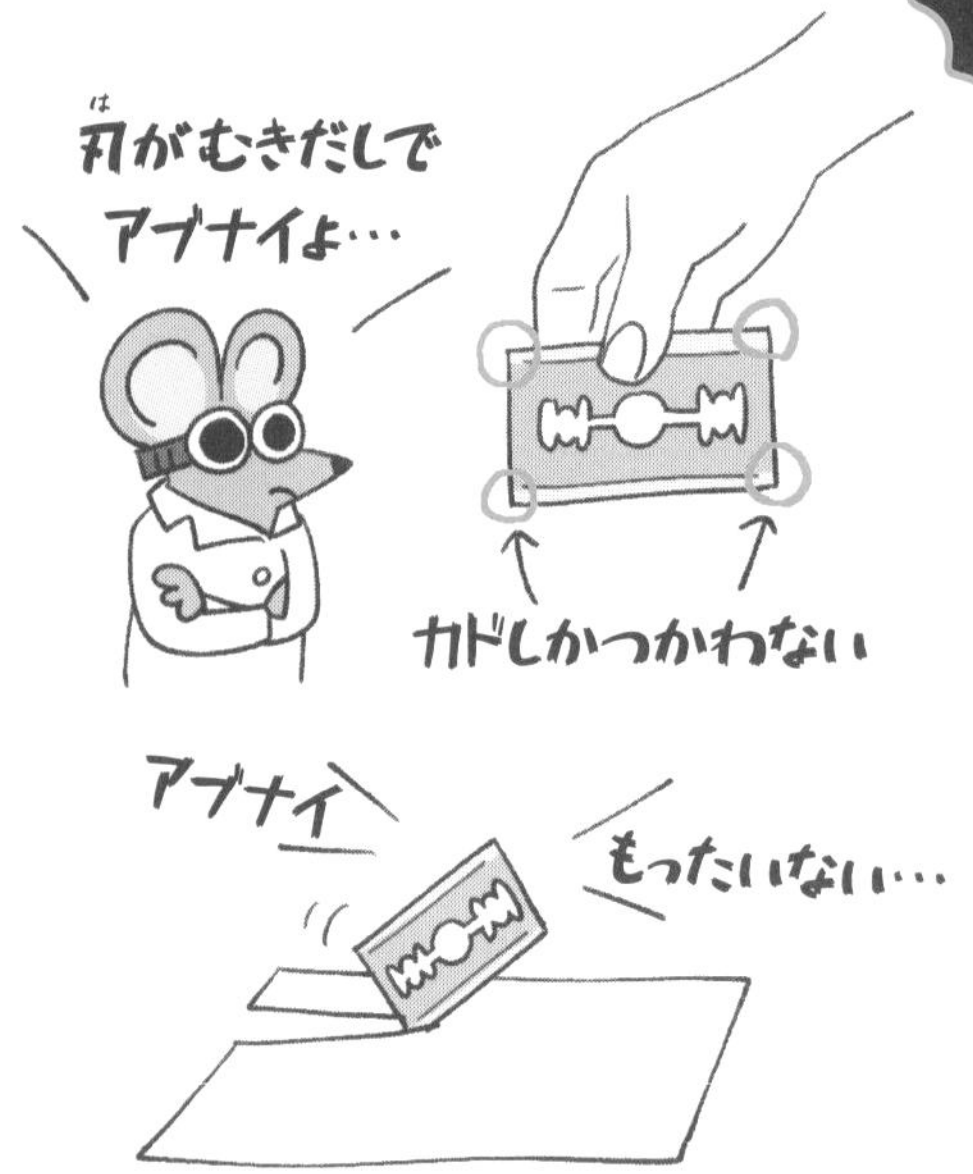
刃《は》がむきだしで
アブナイよ…
カドしかつかわない
アブナイ
もったいない…

カッターナイフで切《き》るときは、刃《は》の先《さき》っぽのカドしかつかいません。

そのため、刃《は》にはあらかじめスジがついていて、切《き》れなくなったら、そのスジで折《お》って、新《あたら》しいカドを出《だ》してつかいます。

今《いま》ではこの「折《お》る刃式《はしき》」があたりまえですが、昔《むかし》はそうではありませんでした。印刷工場《いんさつこうじょう》などでは、カミソリの刃《は》をむきだしで、そのまま指《ゆび》でつまんでつかっていました。

カッターの黄色《きいろ》は道具箱《どうぐばこ》のなかで目立《めだ》つように、らしい

そのうえ、**カドが切《き》れなくなったら、のこりの刃《は》はなんともなくても、まるごと捨《す》てていた**のです。なんだか、もったいないですよね。

それをどうにかできないか、と考《かんが》えたのが、印刷会社《いんさつがいしゃ》で働《はたら》いていた岡田良男《おかだよしお》です。あるとき、進駐軍《しんちゅうぐん》の兵隊《へいたい》さんが食《た》べていた板《いた》チョコを思《おも》いだし、**「はじめからスジを入《い》れておけば、ポキポキ折《お》って何度《なんど》もつかえるぞ」とひらめいた**のです。

そのアイデアをもとに作《つく》られたカッターナイフが、折《お》る刃式《はしき》のオルファです。

折《お》る刃《は》……おるは……おるふぁ……オルファ……。

……ダジャレですね。

使《つか》い道《みち》いろいろ!

はさみコレクション

今《いま》、はさみにはとてもたくさんの種類《しゅるい》があります。人間《にんげん》は戦《たたか》うためのするどいキバやツメをもたないので、大自然《だいしぜん》を生《い》きぬくうえでは、ざんねんな生《い》きものかもしれません。でもその代《か》わり、知恵《ちえ》と工夫《くふう》でいろいろな道具《どうぐ》を作《つく》りだし、生《い》きぬいてきました。はさみには、そんな人類《じんるい》のクリエイティブなところがつまっています。これらのはさみ、それぞれなんのためにこんなカタチをしているか、みなさんは想像《そうぞう》できますか?

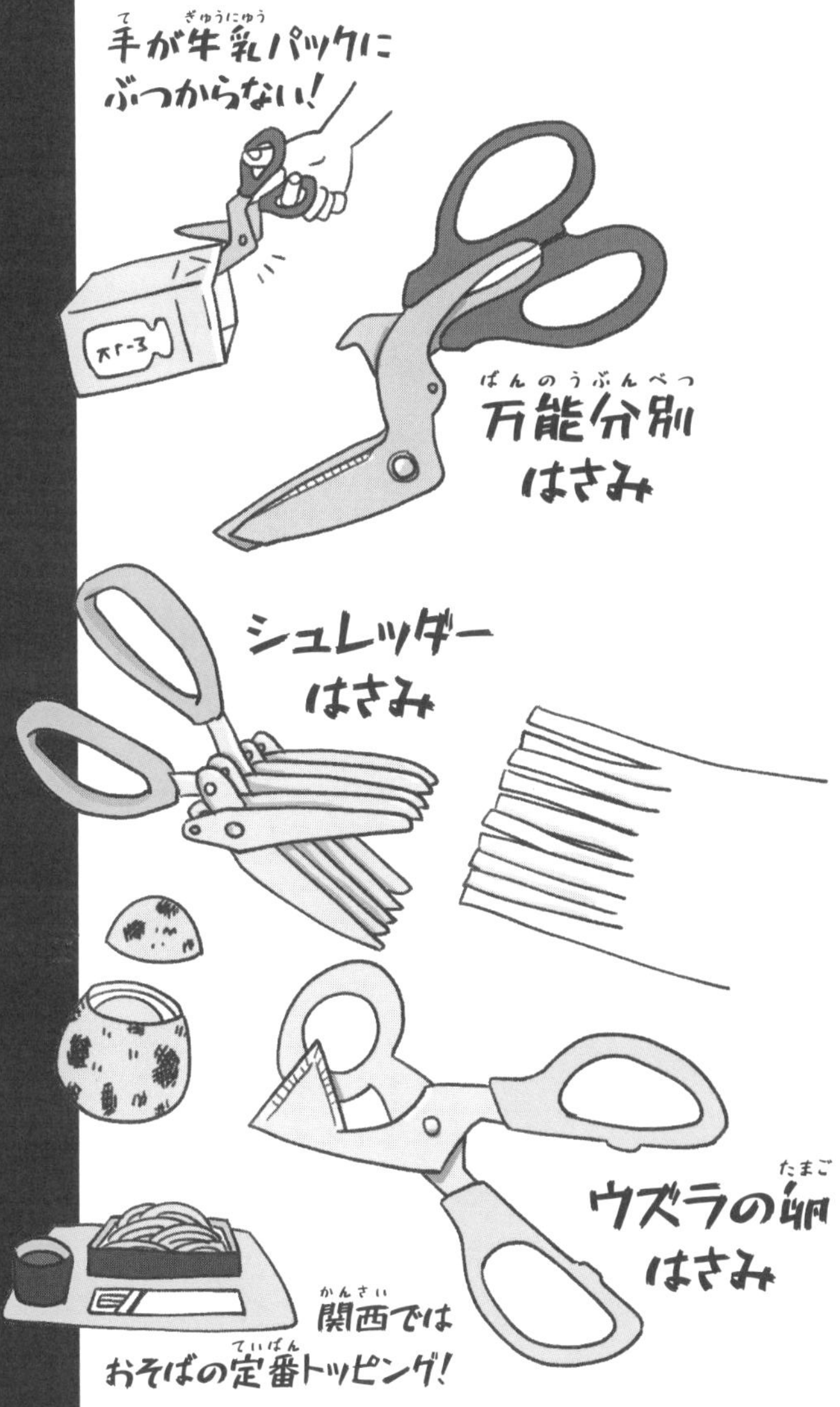
手《て》が牛乳《ぎゅうにゅう》パックに
ぶつからない!
万能分別《ばんのうぶんべつ》
はさみ
シュレッダー
はさみ
ウズラの卵《たまご》
はさみ
関西《かんさい》では
おそばの定番《ていばん》トッピング!

ざんねん

はさみ

日本《にっぽん》にははさみが広《ひろ》まったのは刀鍛冶《かたなかじ》の仕事《しごと》がなくなったから

はさみには大《おお》きく**U字型《ユーじがた》**と**X字型《エックスじがた》**の2種類《しゅるい》があります。歴史《れきし》が長《なが》いのはU字型《ユーじがた》。紀元前《きげんぜん》1000年《ねん》ごろにはつかわれていたようで、日本《にっぽん》には中国《ちゅうごく》から4世紀《せいき》ごろに伝《つた》わったとされます。X字型《エックスじがた》のはさみは奈良時代《ならじだい》ごろに日本《にっぽん》に伝《つた》わりました。でも、日本《にっぽん》ではずっとU字型《ユーじがた》がメジャーで、X《エックス》字型《じがた》が広《ひろ》まったのは明治時代《めいじじだい》。江戸時代《えどじだい》が終《お》わり、**刀《かたな》を作《つく》る仕事《しごと》がなくなった刀鍛冶《かたなかじ》が、洋服作《ようふくづく》り用《よう》のはさみとして作《つく》りはじめたのが**キッカケだったとか。

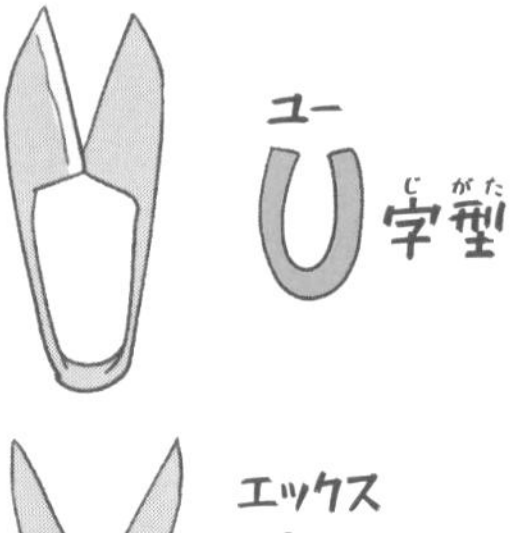

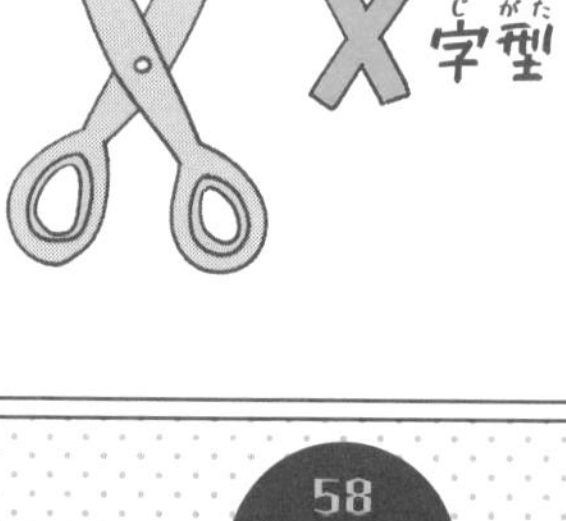

第《だい》3章《しょう》

つける、貼《は》る

ざんねん
のり
舌《した》切《き》りすずめが食《た》べてたのりはほぼ、ただのおかゆ

今《いま》みたいなのりができる前《まえ》、5000年《ねん》以上《いじょう》も昔《むかし》からつかわれていたのりのひとつに、**ニカワ**があります。

おもな成分《せいぶん》は、動物《どうぶつ》の皮《かわ》や骨《こつ》ずいからとれるゼラチンです。ゼラチンは、ゼリーの材料《ざいりょう》としてもおなじみですね。

ニカワは、そのままだとカチカチにかわいていいます。**のりとしてつかうためには、丸一日水《まるいちにちみず》につけてふやかしてから、お湯《ゆ》であたためてとかさなくてはいけません。**こ

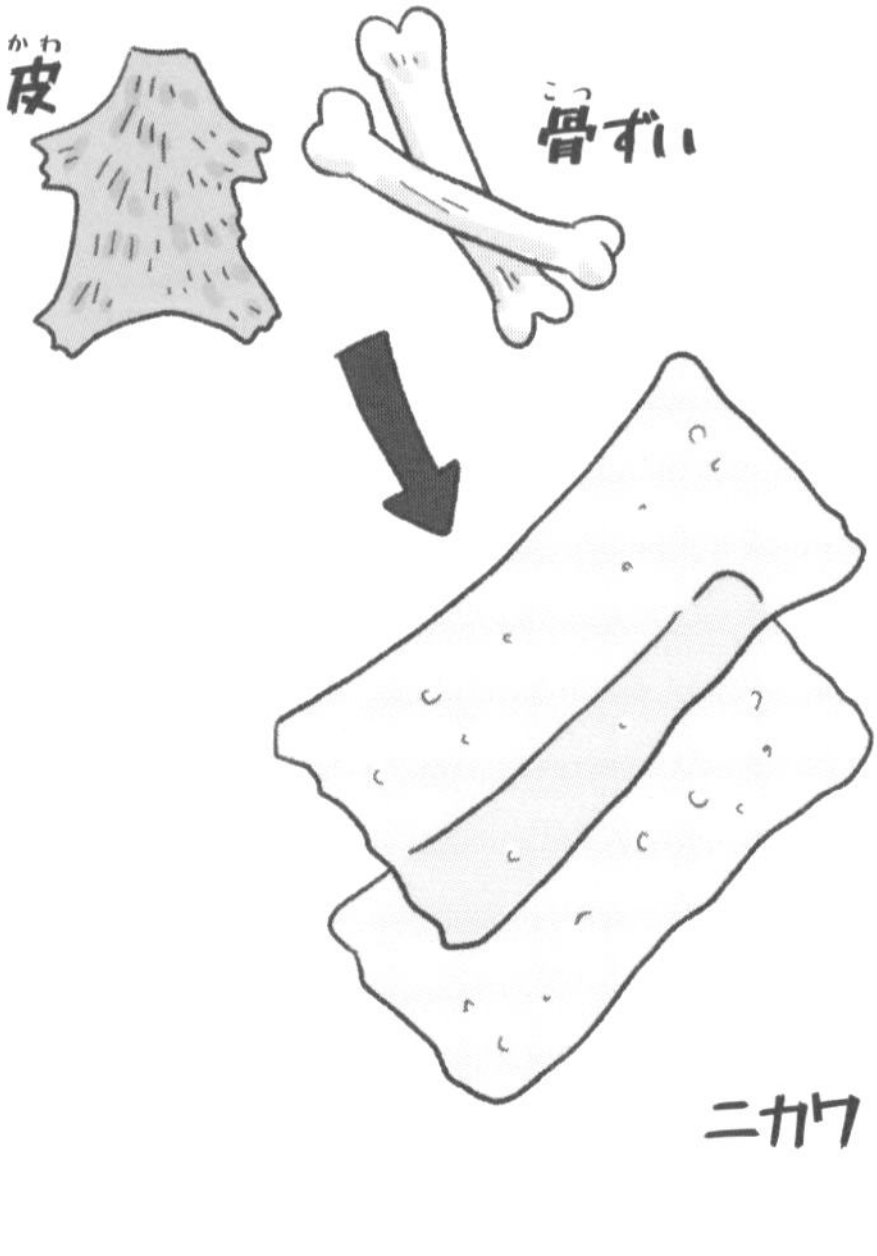

おかゆウマ〜!!!
ハフハフ
ボクはそんなに…
おいしそう

のとき、あたためすぎてもダメなので、なかなかめんどうです。それに、**動物《どうぶつ》の皮《かわ》や骨《ほね》からできているので、ツーンとしたくさいにおい**もします。

フエキ糊《のり》やヤマト糊《のり》のようなでんぷんのりは、日本《にっぽん》では平安時代《へいあんじだい》のころからありました。昔《むかし》はお米《こめ》を煮《に》て作《つく》ったものだったので、ほぼ**おかゆ**ですね。

おとぎ話《ばなし》の「舌切《したき》りすずめ」では、おばあさんが作《つく》ったのりをスズメが食《た》べてしまって、怒《おこ》ったおばあさんに舌《した》を切《き》られます。そんなざんねんなことになったのも、のりがお米《こめ》で作《つく》られていたから。本物《ほんもの》のスズメも、じつはお米《こめ》が大好物《だいこうぶつ》なので、そんなお話《はなし》ができたのかも？

ざんねん

のり

のりはもともとすぐ腐《くさ》っちゃうものだった

学校《がっこう》でも家《いえ》でも、よくお世話《せわ》になっているフエキ糊《のり》。でも、あらためて考《かんが》えてみると、そもそも「フエキ」ってなんのこと？ フエキは漢字《かんじ》で書《か》くと「不易《ふえき》」です。意《い》味《み》は、「かわらない」ということ。**昔《むかし》ののりは、でんぷんを水《みず》で煮《に》ただけのものだったので、とても腐《くさ》りやすかったのです。**そのため「腐《くさ》らない＝かわらない」ことが、アピールになりました。

ちなみに、フエキくんでおなじみの不易《ふえき》

不易《ふえき》

＝

かわらない

フエキくんは今《いま》ハンドクリームとかにもなってるよ

糊工業《のりこうぎょう》のどうぶつのりシリーズは、1975年《ねん》にウサギ・ゾウ・イヌの3種類《しゅるい》で発売《はつばい》されたんだとか。

ざんねんながら、**ウサギとゾウはあまり人気《にんき》がなかったようで、今《いま》はイヌだけがのこっています。**

……ということは、フエキくんはイヌだったんですね。

意外《いがい》と知《し》られていない事実《じじつ》かも？

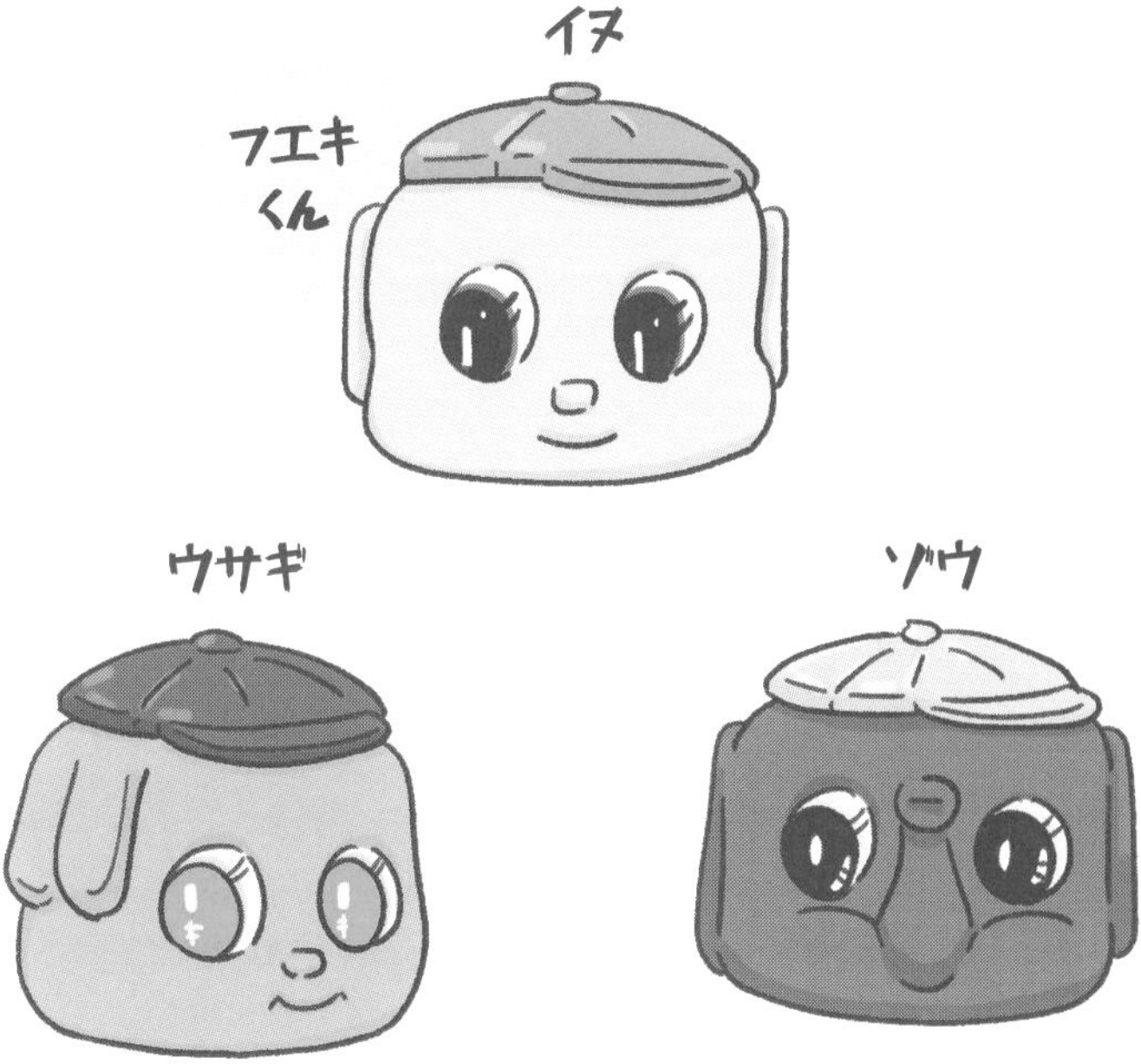

びっくり！のり

今《いま》の白《しろ》いのりはトウモロコシやタピオカが原料《げんりょう》

日本《にっぽん》では長《なが》くお米《こめ》から作《つく》られていたでんぷんのりですが、昭和《しょうわ》に日本《にっぽん》が戦争《せんそう》をしているあいだはお米《こめ》が足《た》りず、**花《はな》の球根《きゅうこん》でのりを作《つく》っていたこともあったた**んだとか。

今《いま》、フエキ糊《のり》は**トウモロコシのでんぷん（コーンスターチ）**から作《つく》られています。ヤマト糊《のり》には、**タピオカのでんぷん**がつかわれています。

ヤマト糊《のり》は、いっときコムギをつかっていたこともありました。しかし、でんぷんのりは、ボトルやチューブから手《て》でとって、指《ゆび》でのばしてつかうもの。**肌《はだ》にふれるならアレルギーの心《しん》配《ぱい》が少《すく》ないもののほうがよいだろう**と、タピオカに変《か》えたんだそう。

トウモロコシやタピオカから作《つく》られるでんぷんのりは、手《て》についても安全《あんぜん》で、ちょっとなら口《くち》に入《はい》っても大丈夫《だいじょうぶ》です。でも、わざと食《た》べたりはしないようにしてください。それにしても、食《た》べておいしいトウモロコシやタピオカが、のりにもなるなんて、ビックリですね。

タピオカの原料《げんりょう》はキャッサバっていうイモ類《るい》の植物《しょくぶつ》だよ

ざんねん

のり

アラビックヤマトのこはく色《いろ》は弱《よわ》いのりだと思《おも》われないため

のりには、すきとおった液体《えきたい》のりもあります。日本《にっぽん》で明治《めいじ》から昭和《しょうわ》によくつかわれたのはアラビアのり。これはアラビアゴムの木《き》の樹液《じゅえき》で作《つく》ります。木《き》にはちょっとかわいそうですが、幹《みき》にキズをつけ、しみ出《で》てきた黄色《きいろ》い半透明《はんとうめい》の液《えき》を集《あつ》めて、かためたものが材料《ざいりょう》になります。

昔《むかし》のアラビアのりはガラスびん入《い》りで、口《くち》の部分《ぶぶん》の海綿《かいめん》（スポンジみたいな海《うみ》の生《い》き物《もの》）で紙《かみ》にぬっていました。ただ、**のり**

で海綿《かいめん》がかたまって出《で》てこなくなるし、値《ね》段《だん》も高《たか》かったので、あまりはやらなかったようです。

これをつかいやすく工夫《くふう》したのが、おなじみ「アラビックヤマト」。この商品《しょうひん》はアラビアゴムの樹液《じゅえき》をつかわない、ポリビニルアルコールと水《みず》でできた合成《ごうせい》のりです。合成《ごうせい》のりは、ほんとうは無色透明《むしょくとうめい》に作《つく》れます。でも、あえてアラビアのりのような、こはく色《いろ》をつけたんだとか。なぜかというと、発売当時《はつばいとうじ》、アラビアのりは強《つよ》い、**透明《とうめい》なのりは弱《よわ》いと思《おも》われていた**から。

せっかく便利《べんり》でよくつくのりを作《つく》ったのに、**イメージのせいで売《う》れないから色《いろ》をつける**なんて、少《すこ》しざんねんな話《はなし》です。

びっくり!
のり

のりのフタがまるいのは乾燥《かんそう》するのをふせぐため

でんぷんのり、液体《えきたい》のりのほかに、私《わたし》たちになじみぶかいのは、スティックのりです。でも、スティックのりって、なんでみんな、まるいかたちをしているのでしょう？

四角《しかく》い紙《かみ》にぬるんだったら、のりも四角《しかく》いほうが、カドまできっちりぬれて、便利《べんり》ですよね？　それにはもちろん、まるいほうがいい理《り》由《ゆう》があるのです。

のりは、水《みず》をふくんで、しめった状態《じょうたい》でなければつかえません。なので、**スティックのりの入《い》れものは、水分《すいぶん》が蒸発《じょうはつ》してかわかないように、ピッチリとじる必要《ひつよう》があります。**

ところが、四角《しかく》いフタでは、小《ちい》さなスキマができて、ピッチリとじられず、かわいてカピカピになってしまうのです。

つまり**まるは、ピッチリとじるのに、いちばんいいかたち**なのです。

おうちにある、液体《えきたい》が入《はい》っているいろんな容《よう》器《き》を見《み》てみましょう。みんな、とじる部分《ぶぶん》はまるいかたちをしていますよ。

マンホールのフタがまるいのは下水道管《げすいどうかん》に落《お》ちないようにだとか

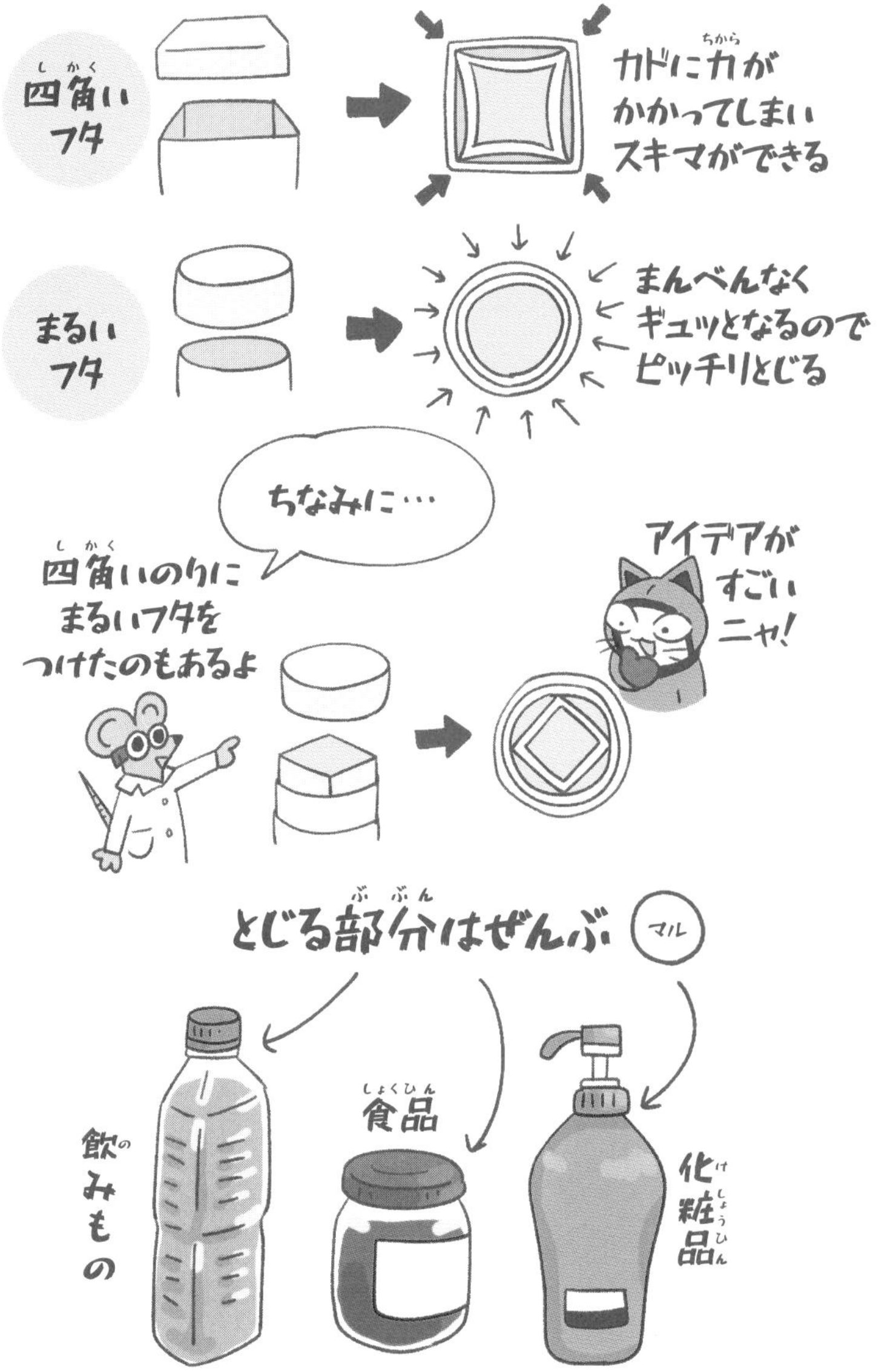
四角《しかく》いフタ
カドに力《ちから》がかかってしまいスキマができる
まるいフタ
まんべんなくギュッとなるのでピッチリとじる
ちなみに…
四角《しかく》いのりにまるいフタをつけたのもあるよ
アイデアがすごいニャ!
とじる部分《ぶぶん》はぜんぶ マル
飲《の》みもの
食品《しょくひん》
化粧品《けしょうひん》

ざんねん

テープ

かわいいマスキングテープはハエトリ紙《がみ》から生《う》まれた

かわいいデザインが女性《じょせい》たちに人気《にんき》のマスキングテープは、**もともと、車《くるま》などに色《いろ》をぬるときにつかう工業製品《こうぎょうせいひん》**でした。

デコるためのマスキングテープをはじめて作《つく》ったのは、カモ井加工紙《いかこうし》という会社《かいしゃ》。創業《そうぎょう》したときは、ハエトリ紙《がみ》を作《つく》っていました。

ハエトリ紙《がみ》というのは、ベタベタした紙《かみ》をつるして、ブンブンとびまわるハエをキャッチするためのもの。なんだか、ハエ用《よう》のごきぶりホイホイみたいで、まったくかわいくないですね。

紙《かみ》にのりをつける技術《ぎじゅつ》をいかして、工業用《こうぎょうよう》のマスキングテープを作《つく》っていたら、あるときとつぜんあらわれた3人《にん》の女性《じょせい》に、**「もっとかわいい色《いろ》のを作《つく》って！」**と熱《あつ》いリクエストをされました。

そんなニーズがあるの？　と思《おも》いながらも、あまりの情熱《じょうねつ》におされてかわいいテープを作《つく》ってみたら、**これがまさかの大《だい》ヒット商品《しょうひん》に。**世《よ》の中《なか》、なにが起《お》こるか、わからないものです。

ハエトリ紙《がみ》は俳句《はいく》だと夏《なつ》の季語《きご》らしい

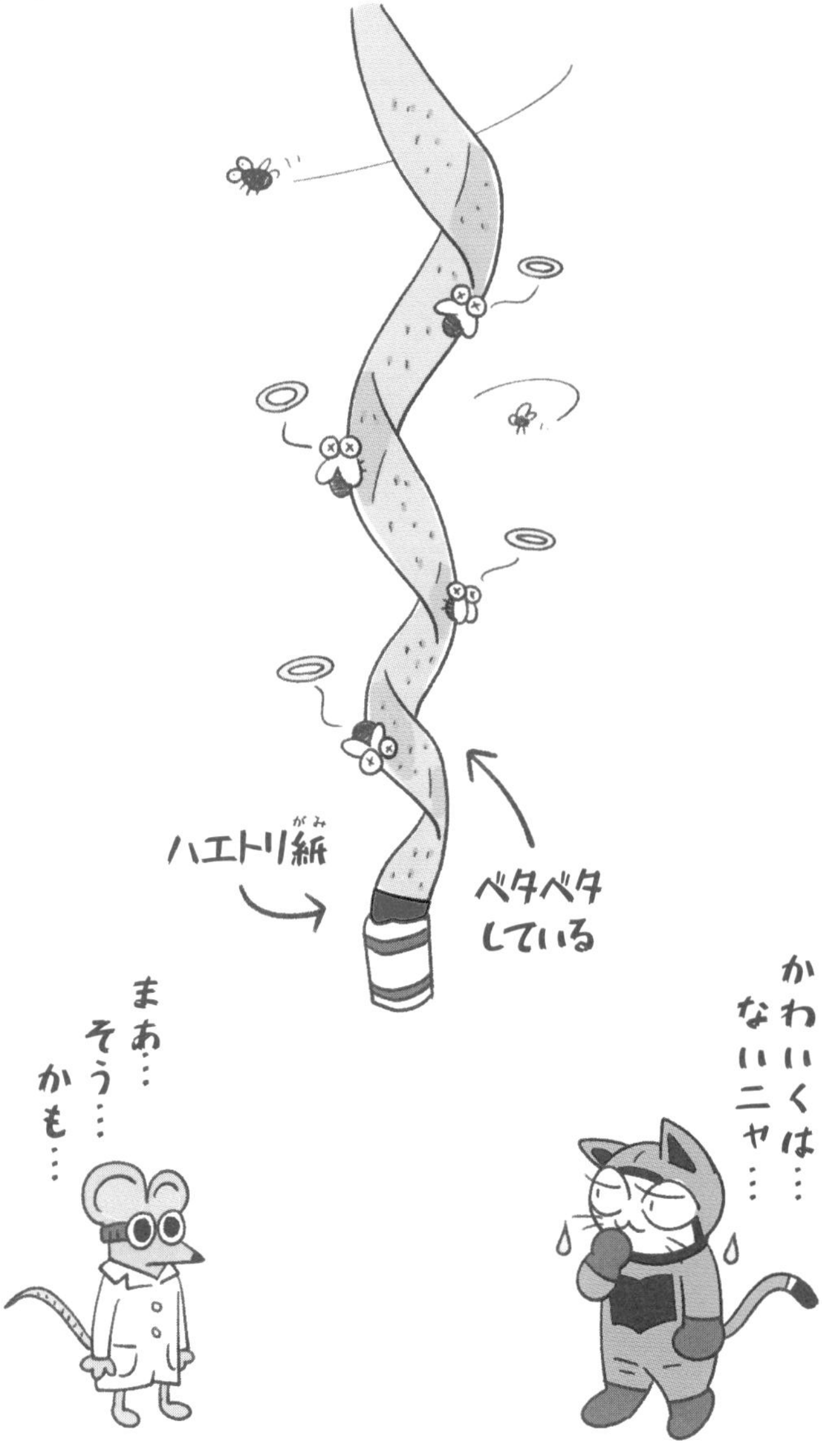
ハエトリ紙《がみ》
ベタベタしている
かわいくはないニャ…
まあ…そう…かも…

びっくり！テープ

あなたが想像《そうぞう》するガムテープはたぶんガムテープじゃない

とつぜんですが、「ガムテープ」と聞《き》いてなにを思《おも》いうかべますか？

ハイ、**今《いま》あなたがイメージしたものは、「ほんとうのガムテープ」ではないかもしれません。**

ガムテープはもともと、アラビアゴム（ガム）を紙《かみ》のテープにぬったものです。ガムは、かわいた状態《じょうたい》のときにはくっつかないけれど、水《みず》でしめらせるとくっつく性《せい》質《しつ》があります。切手《きって》のウラののりと同《おな》じよ

布《ぬの》テープとかよりはがしやすい養生《ようじょう》テープというのもあるよ

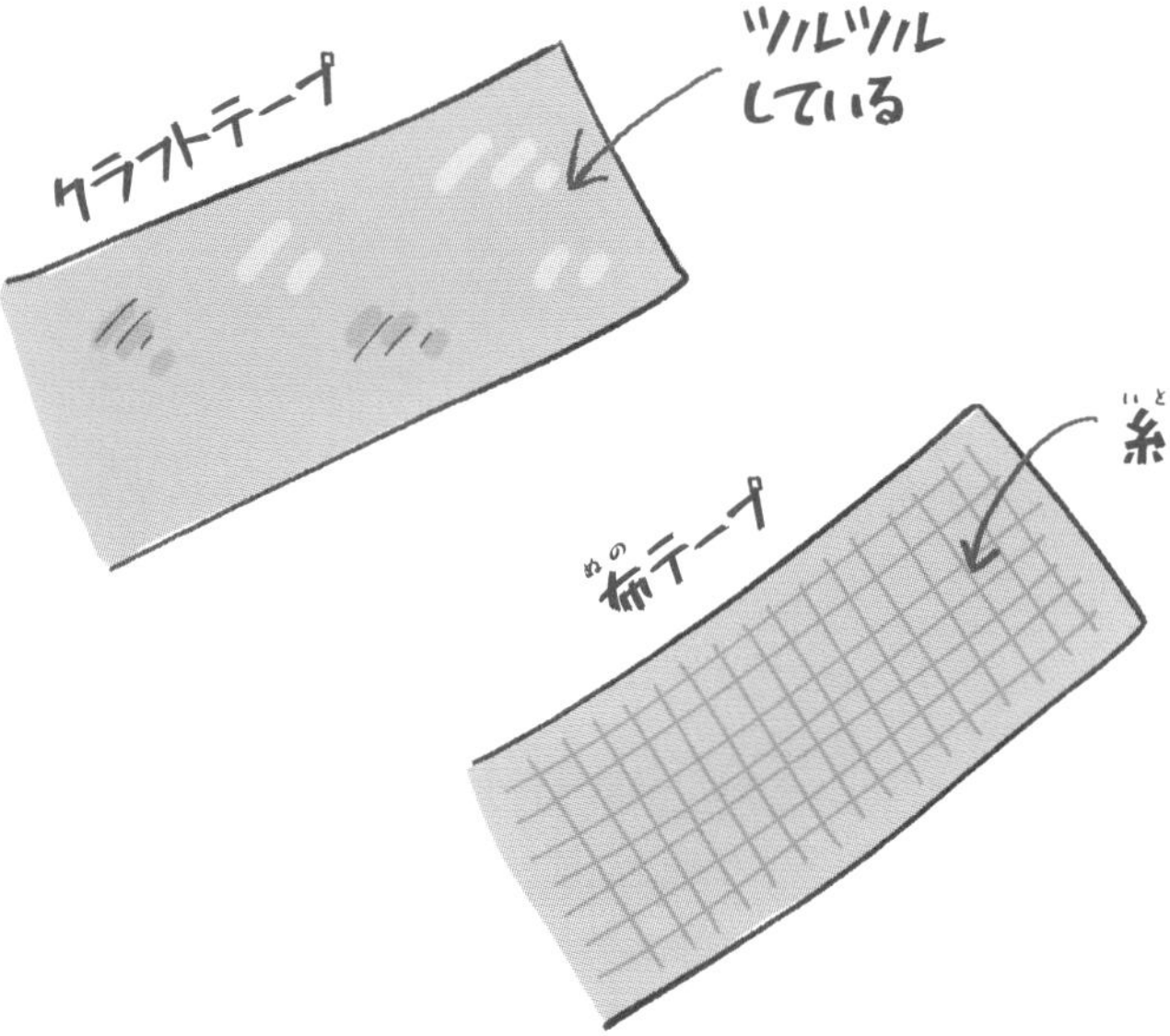

うな感《かん》じですね。

なので、**ほんとうのガムテープは、水《みず》でぬらさないとつかえません。**

水《みず》でぬらさないといけないガムテープはちょっとめんどうですが、くっつく力《ちから》が強《つよ》くて、リサイクルしやすいという、よいところもあります。なので、工場《こうじょう》や倉庫《そうこ》では、今《いま》でもつかわれています。

じゃあ、ガムテープだと思《おも》っていた、あれはなに？

たぶん、クラフトテープか布《ぬの》テープのどちらかです。

表面《ひょうめん》がツルツルしているのがクラフトテープ。表面《ひょうめん》のタテヨコに糸《いと》が走《はし》っていて、布《ぬの》っぽく見《み》えるのが布《ぬの》テープです。

セロハンテープはやってみたらできちゃったもの

セロハンテープのセロハンは、**木材《もくざい》から作《つく》ったパルプを原料《げんりょう》にしたフィルム**です。１９０８年《ねん》にスイスで発明《はつめい》されると、人《ひと》びとははじめて手《て》にする美《うつく》しい透明《とうめい》なシートに夢中《むちゅう》に。とくによろこばれたのが、プレゼントのラッピングにつかうことでした。

でも、せっかく透明《とうめい》のシートで包《つつ》んでも、それをとめるための、キレイで透明《とうめい》なテープがありません。じつはそれまで、**「セロハンでテープを作《つく》るのは不可能《ふかのう》だ。」**

みんなの予想《よそう》

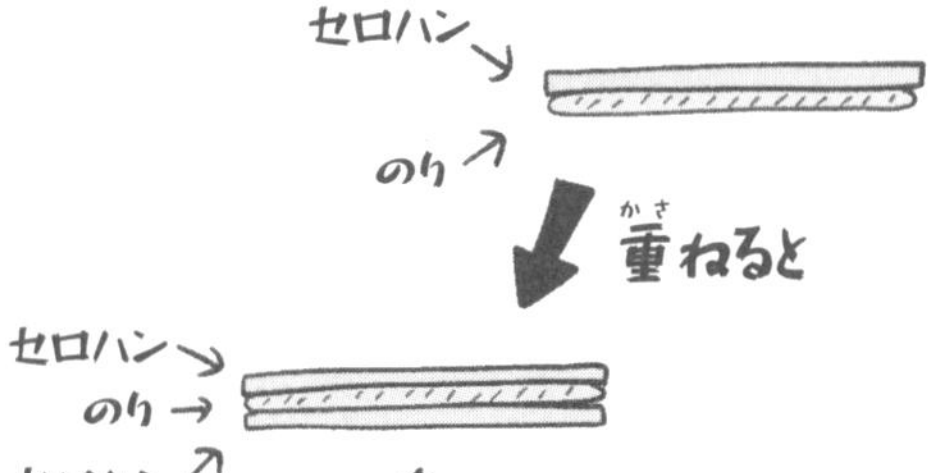

セロハンにはオモテもウラもないので、のりをぬってテープとして重《かさ》ねると、下《した》になったセロハンにのりがくっついて、上《うえ》のセロハンだけがとれてしまう！」

とみんなが信《しん》じていたからです。でも、それがほんとうかどうか、**失敗《しっぱい》してもいいから自分《じぶん》でためしてみよう、**と思《おも》ったのが、アメリカのリチャード・ガーリー・ドルー。のりをつけたセロハンを作《つく》り、べつのセロハンの上《うえ》に貼《は》ってみると……**なんと、なんの問題《もんだい》もなくはがれたのです！**

こうして、1930年《ねん》にセロハンテープが完成《かんせい》。売《う》れに売《う》れて「100万《まん》ドルの発《はっ》明《めい》」とまでいわれました。なにごとも、とりあえずトライしてみるものですね。

やってみたら
やってみるもんだニャー
だね！
ふつうにできた！
セロハン→
のり→
セロハン
はがすと
こうなっちゃうのでは!?

ざんねん

テープ

昔《むかし》はどんなシールでもなめるのがあたりまえだった

今《いま》のシールはそのまま貼《は》れますが、昔《むかし》は切手《きって》みたいに水《みず》でぬらさないと貼《は》れないのがあたりまえ。いちばんてっとりばやいのは、**舌《した》でなめる**ことでした。

それがよくわかるのが、昔《むかし》のラベル、**「シタダシレッテル」**（レッテル、はラベルの昔《むかし》のよびかた）。舌《した》を出《だ》したおじさんのマーク、めちゃくちゃインパクトがありますね。でもこのころは、ペロッとなめればピタッと貼《は》れる！ということが、最先端《さいせんたん》の機能《きのう》だったのです。

シタダシレッテル

ざんねん ふせん

ふせんはもともと貼《は》ったらはがせないものだった

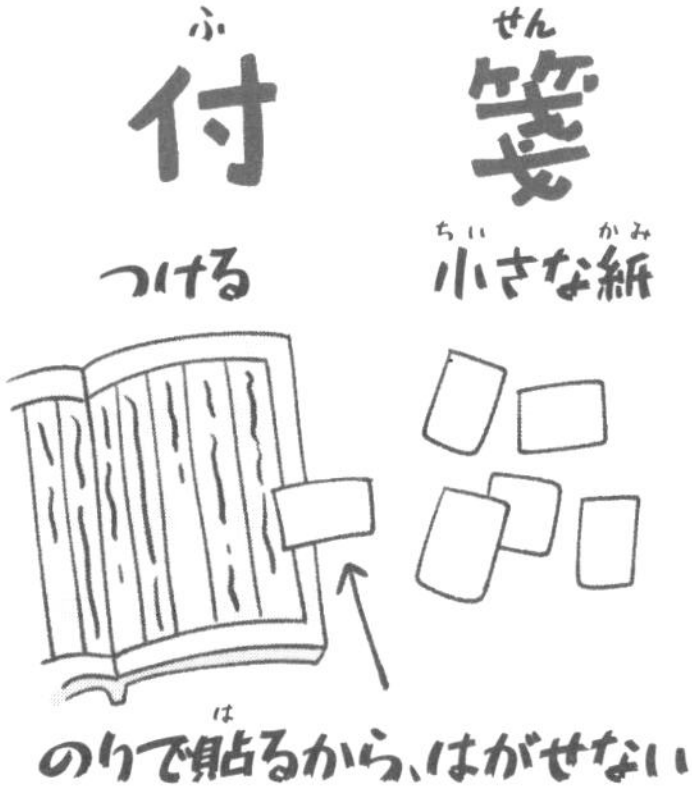

ふせんは漢字《かんじ》で「付箋《ふせん》」と書《か》きます。「付《ふ》」はつける、「箋《せん》」は小《ちい》さな紙《かみ》、という意味《いみ》。ふせんはもともと、本《ほん》や書《しょ》類《るい》にメモなどを書《か》きたすための、小《ちい》さな紙《かみ》をさしました。つかうときはしおりのようにページの間《あいだ》にはさむか、のりをつけて貼《は》っていました。

切手《きって》のように水《みず》をつけて貼《は》るものもありましたが、はがすには紙《かみ》をやぶらなくてはいけません。古《ふる》い本《ほん》のなかには、当《とう》時《じ》の人《ひと》が貼《は》ったふせんがついたままのものが、今《いま》ものこっています。

びっくり！ふせん

使《つか》い道《みち》のわからないのりからポスト・イットは生《う》まれた

大失敗《だいしっぱい》だと思《おも》われた発明《はつめい》が、ひょんなキッカケで大成功《だいせいこう》になることがあります。ポスト・イットが、まさにそれです。

１９６９年《ねん》、アメリカの３Ｍ《スリーエム》社《しゃ》で働《はたら》いていたスペンサー・シルバーは、超強力《ちょうきょうりょく》な接《せっ》着剤《ちゃくざい》の研究《けんきゅう》をしていました。でもできたのは、なんだかふしぎなのり。**くっつくことはくっつくけれど、はがそうとするとかんたんにはがれる**のです。すぐはがれるのは、接着剤《せっちゃくざい》としては失格《しっかく》です。

超強力《ちょうきょうりょく》なのりを作《つく》るぞ!!
スペンサー・シルバー
いい使《つか》いみちはないかなあ？
ウーン
くっつくのにくっつかないふしぎなのり

フライは教会《きょうかい》の聖歌隊《せいかたい》のメンバーだったらしい

ピーン
よしよし
アート・フライ
ガーン
ヒラ
ヒラ

おもしろいけど、とくに使《つか》いみちもないので、こののりは**「ざんねんな発明《はつめい》」**として、忘《わす》れられていました。

それから5年後《ねんご》の1974年《ねん》。同《おな》じく3M《スリーエム》社《しゃ》で働《はたら》いていたアート・フライは、教会《きょうかい》でつかう歌《うた》の本《ほん》に、目印《めじるし》のしおりをはさんでいました。しかし本《ほん》を開《ひら》くとその紙《かみ》が落《お》ちて、目当《めあ》てのページがわからなくなってしまいます。そのときフライは、シルバーの作《つく》ったのりを思《おも》いだしました。

「しおりにあのふしぎなのりをぬったら、落《お》ちないしおりができるんじゃないか？　しかもキレイにはがせて、貼《は》りなおしもできて、便利《べんり》だぞ！」

そして1977年《ねん》、世《よ》の中《なか》を変《か》える大発明《だいはつめい》、ポスト・イットが発売《はつばい》されたのです。

ざんねん ふせん

ポスト・イットは発売直後《はつばいちょくご》まったく売《う》れなかった

どこがいいのかニャー
ハテ

つかってもらえばわかるハズ

発売《はつばい》されたポスト・イットは、その日《ひ》から売《う》れに売《う》れて、あっというまに超大《ちょうだい》ヒット商品《しょうひん》に！……は、なりませんでした。3M《スリーエム》社《しゃ》の予想《よそう》はおおはずれ。なんと、**まったく売《う》れなかった**のです。

貼《は》ってはがせるふせんだなんて、想像《そうぞう》もしたことがなかったお客《きゃく》さんには、なにがよくて、どうつかったらいいのか、ちっともわからなかったのです。**アイデアが新《あたら》しすぎて売《う》れない**なんて、そんなざんねんな

3M《スリーエム》は昔《むかし》の社名《しゃめい》を省略《しょうりゃく》したもの。昔《むかし》の社名《しゃめい》は長《なが》いから書《か》けないよ

ことがあるでしょうか。

でも、販売《はんばい》の担当者《たんとうしゃ》はめげませんでした。じっさいにつかってもらえれば、きっとよさがわかるはず！　そう考《かんが》えて、**アメリカのトップ企業《きぎょう》の秘書《ひしょ》たちに、タダでポスト・イットのサンプルをくばった**のです。

すると、「ボスにわたす書類《しょるい》に、メッセージを書《か》いて貼《は》りつけるのに便利《べんり》！」と口《くち》コミで人気《にんき》が広《ひろ》がりはじめました。そして、「もっとほしい！」と注文《ちゅうもん》が続々《ぞくぞく》とやってくるようになりました。

ポスト・イットが火《ひ》をつけた、そのあとの貼《は》ってはがせるふせんの人気《にんき》ぶりは、みなさんも知《し》っているとおりです。

びっくり！ふせん

ポスト・イットの黄色《きいろ》はその色《いろ》の紙《かみ》しかなかったから

今《いま》ではいろいろな色《いろ》がありますが、ポスト・イットといえば、イメージするのは黄色《きいろ》です。

でも、**その色《いろ》が選《えら》ばれたのは、ぐうぜんでした。**シルバーとフライが研究所《けんきゅうじょ》で試作品《しさくひん》を作《つく》るための紙《かみ》をさがしていたときに、**たまたま、つかえる紙《かみ》が黄色《きいろ》しかなかった**んだとか。でも、白《しろ》い紙《かみ》に貼《は》ると、黄色《きいろ》のポスト・イットはよく目立《めだ》ちます。ぐうぜんとはいえ、なかなかいいチョイスだったのではないでしょうか。

びっくり！ふせん

ふせんのはしっこに色《いろ》をつけているのは日本《にっぽん》だけ

日本《にっぽん》の文房具屋《ぶんぼうぐや》さんで売《う》られている貼《は》れるふせんには、白《しろ》い紙《かみ》のはしにだけ色《いろ》がついたものもあります。じつはこれ、**日本《にっぽん》でしか売《う》られていないデザイン**です。**もともと日本《にっぽん》のふせんは、紙《かみ》のはしが赤《あか》いものが多《おお》かった**のです。そのため、貼《は》れるふせんも同《おな》じデザインにしたほうが、日本《にっぽん》のお客《きゃく》さんにわかりやすいと考《かんが》えたんだとか。さては使《つか》いみちが伝《つた》わらずに売《う》れなかったことがトラウマになったのかしら……。これは私《わたし》の想像《そうぞう》です。

びっくり！ふせん

ふせんが何度《なんど》もつかえるのはじつはスキマだらけだから

何度《なんど》も貼《は》ってはがせるふせんは、のりのかたちにヒミツがあります。

ふせんののりは、ものすご〜く小《ちい》さなツブツブがあつまってできています。このツブツブひとつひとつは、おもちみたいにベタベタしています。ふせんを紙《かみ》に貼《は》ると、ベタベタのツブツブがつぶれてくっつきますが、ほどよくスキマがあるので、くっつきすぎません。また**一度《いちど》はがしても、つぶれていないツブツブがのこっている**ので、くりかえしつかえるのです。

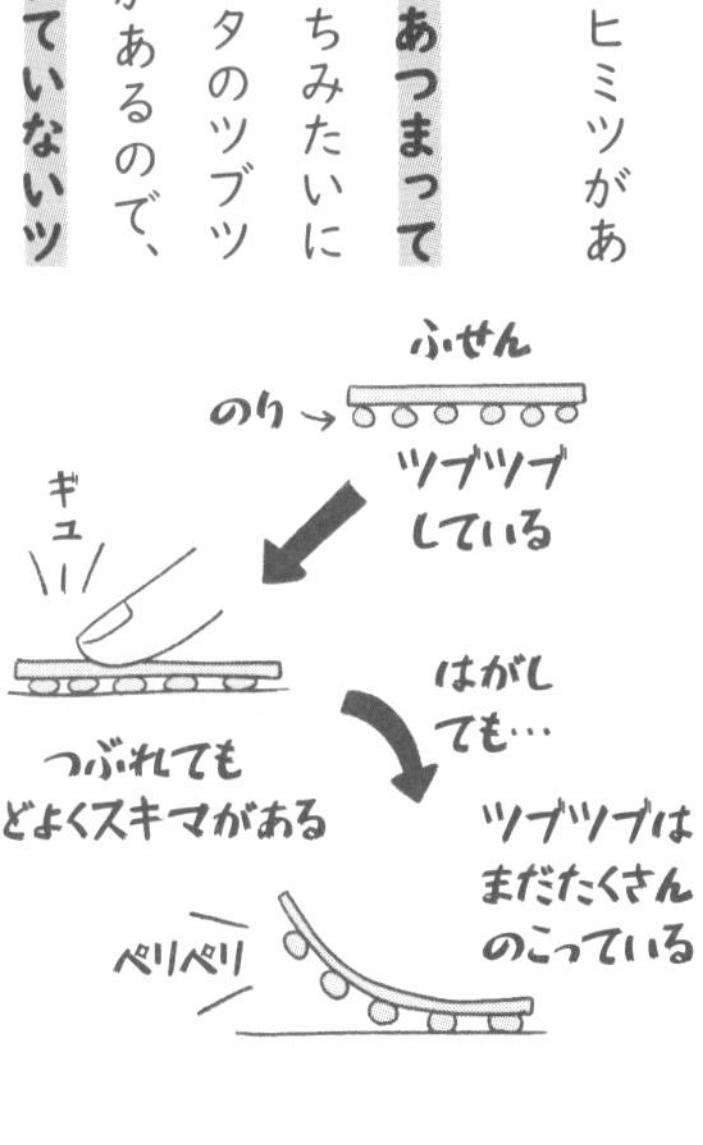
ふせん
のり→
ツブツブしている
ギュ
つぶれてもほどよくスキマがある
はがしても…
ツブツブはまだたくさんのこっている
ペリペリ

第《だい》4章《しょう》

束《たば》ねる、とめる

ざんねん
紙《かみ》

羊皮紙《ようひし》はヒツジ1頭《とう》からA《エー》4用紙《ようし》4枚《まい》しか作《つく》れない

紙《かみ》がない時代《じだい》、人《ひと》がなにに字《じ》を書《か》いていたか、想像《そうぞう》できますか？　よくつかわれていたもののひとつは、**ヒツジやヤギ、子《こ》ウシなどの動物《どうぶつ》の皮《かわ》**です。

お肉《にく》をキレイに食《た》べたあとにのこった皮《かわ》から、大《おお》きなナイフで脂肪《しぼう》やこまかい肉《にく》、毛《け》をこそげおとし、石灰水《せっかいすい》につけてからピンッと張《は》ってかわかします。

かわいたら、全体《ぜんたい》がうすく、表面《ひょうめん》がなめらかになるまで、ナイフで削《けず》ったり、軽石《かるいし》

ひつじのかわのかみ
羊皮紙《ようひし》

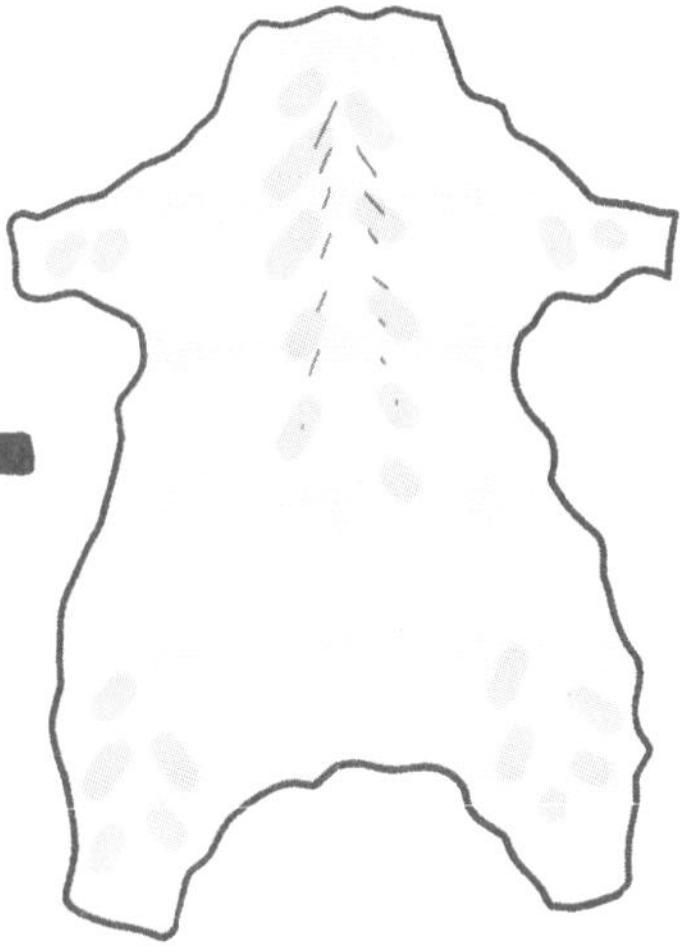

A《エー》4はA《エー》3の半分《はんぶん》の大《おお》きさ。A《エー》4を半分《はんぶん》に折《お》るとA《エー》5の大《おお》きさになるよ

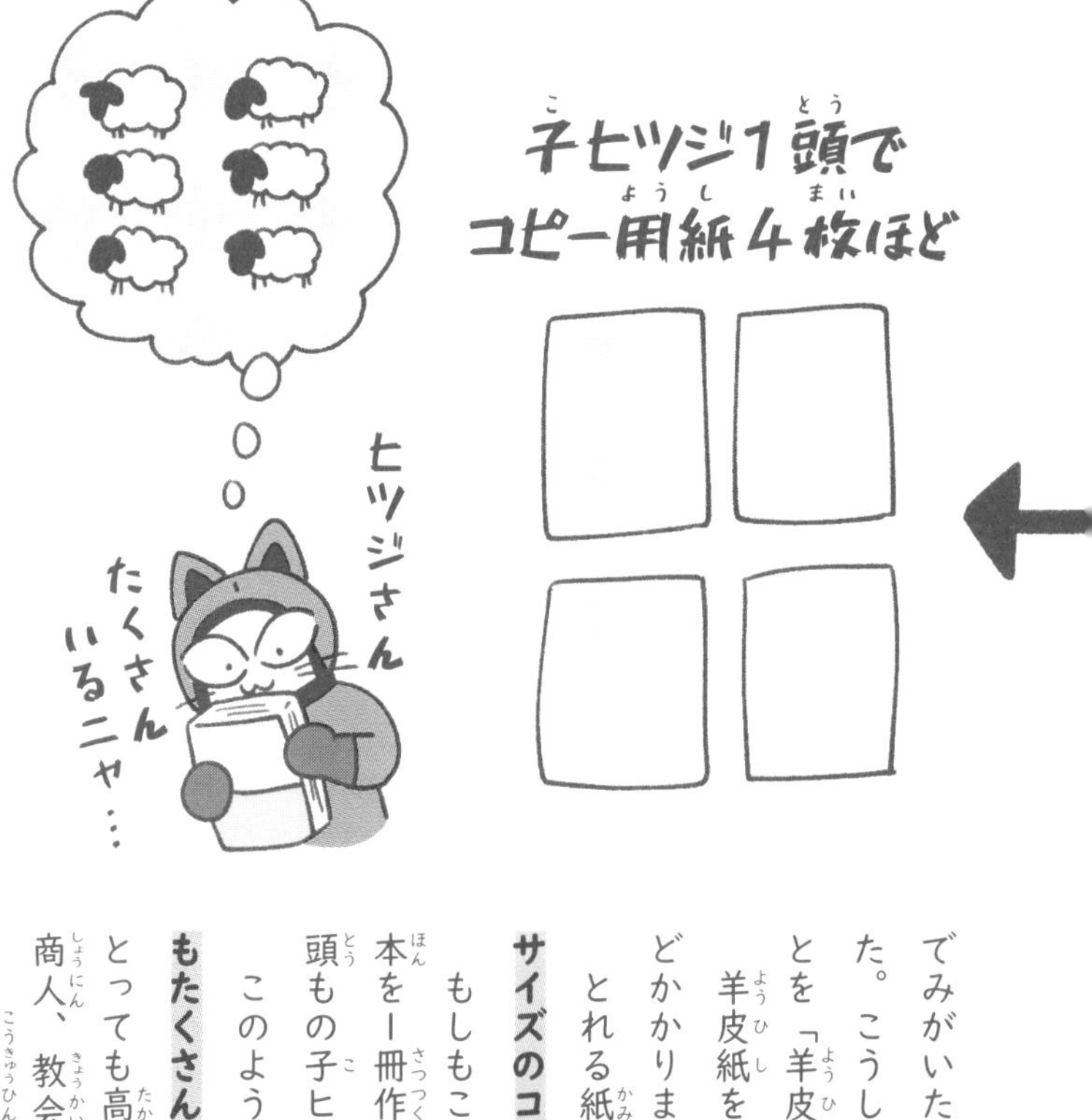

でみがいたりして、紙《かみ》のようにしていました。こうしてヒツジの皮《かわ》から作《つく》った紙《かみ》のことを「羊皮紙《ようひし》」といいます。

羊皮紙《ようひし》を作《つく》るには、3週間《しゅうかん》から1か月《げつ》ほどかかります。

とれる紙《かみ》の枚数《まいすう》は、**子《こ》ヒツジ1頭《とう》でA《エー》4サイズのコピー用紙《ようし》4枚《まい》ほど。**

もしもこの本《ほん》と同《おな》じ大《おお》きさとページ数《すう》の本《ほん》を1冊《さつ》作《つく》ろうと思《おも》ったら、両面使用《りょうめんしよう》で8頭《とう》もの子《こ》ヒツジが必要《ひつよう》です。

このように、**時間《じかん》と手間《てま》はかかるし、量《りょう》もたくさん作《つく》れません。**そのため、値段《ねだん》もとっても高《たか》くて、王様《おうさま》や貴族《きぞく》、お金持《かねも》ちの商人《しょうにん》、教会《きょうかい》のえらい人《ひと》などしかつかえない、高級品《こうきゅうひん》でした。

ざんねん

紙《かみ》

くさび形《がた》文字《もじ》が直線《ちょくせん》なのは曲線《きょくせん》が書《か》きにくかったから

粘土板《ねんどばん》

羊皮紙《ようひし》よりもさらに前《まえ》の時代《じだい》、今《いま》のイラク、シリア、トルコのあたりで生《う》まれたメソポタミア文明《ぶんめい》では、紀元前《きげんぜん》３５００年《ねん》ごろから、文字《もじ》を書《か》くのに粘土《ねんど》の板《いた》をつかっていました。

やわらかくしめった粘土《ねんど》を板《いた》のようにひらたくのばして、葦《あし》という植物《しょくぶつ》のくきをペンの代《か》わりにして、とがった先《さき》の部分《ぶぶん》を押《お》しつけるようにして字《じ》を書《か》いたのです。

この方法《ほうほう》だと**まがった線《せん》は書《か》きにくいの**

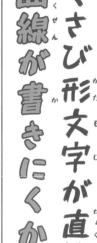

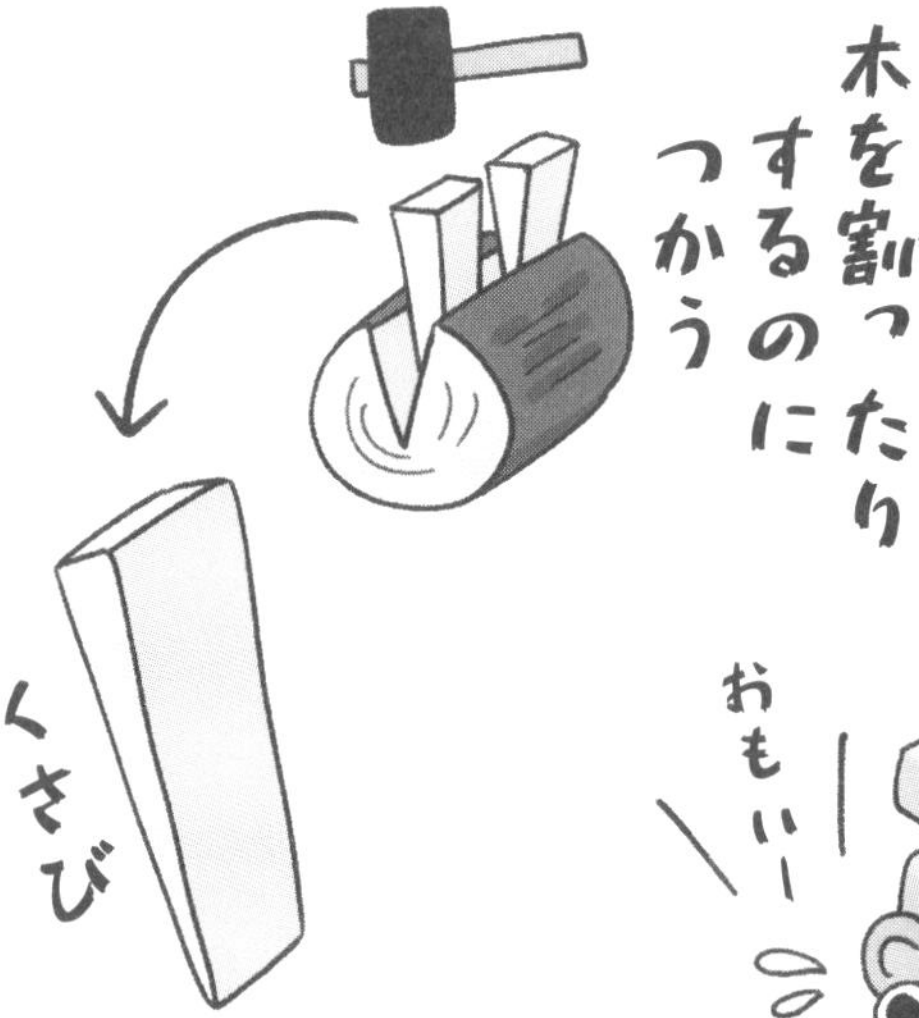
木《き》を割《わ》ったりするのにつかう
くさび

おもい〜

で、この時代《じだい》の文字《もじ》はひっかきキズのようなまっすぐの線《せん》（くさび形《がた》）をくみあわせたかたちをしています。

文字《もじ》を書《か》きおわったら、お日《ひ》さまにあててかわかしたり、焼《や》きかためたりして保存《ほぞん》しました。

こうして作《つく》られた粘土板《ねんどばん》は、何千年《なんぜんねん》もの長《なが》いときをこえて、今《いま》の時代《じだい》にものこるほど、丈夫《じょうぶ》で長《なが》もちです。

でも、**粘土《ねんど》がかわくまでの短《みじか》い時間《じかん》しか書《か》けない、重《おも》くてかさばる、小《ちい》さいサイズでしか作《つく》れない**など、ざんねんなところがたくさんありました。

ざんねん

紙《かみ》

エジプトじゃないと作《つく》れないめんどうな紙《かみ》、パピルス

古代《こだい》エジプトで紙代《かみが》わりにつかわれていたのがパピルス。パピルス草《そう》という水草《みずくさ》のくきをさいて細長《ほそなが》くしたものをならべ、さらに直角《ちょっかく》に重《かさ》ねて、泥水《どろみず》につけてかわかします。表面《ひょうめん》を軽石《かるいし》でみがけばパピルスのできあがり。書《か》きごこちはよいのですが、**湿気《しっけ》でいたみやすく、折《お》り曲《ま》げられないのが弱点《じゃくてん》。**またパピルス草《そう》はナイル川《がわ》の近《ちか》くにしか生《は》えず、とりたてでないとくっつかないので、**エジプトでしか作《つく》れない**のも、ざんねんなところです。

ざんねん 紙《かみ》

中国《ちゅうごく》などでつかっていた竹簡《ちくかん》は1枚《まい》で20字《じ》くらいしか書《か》けない

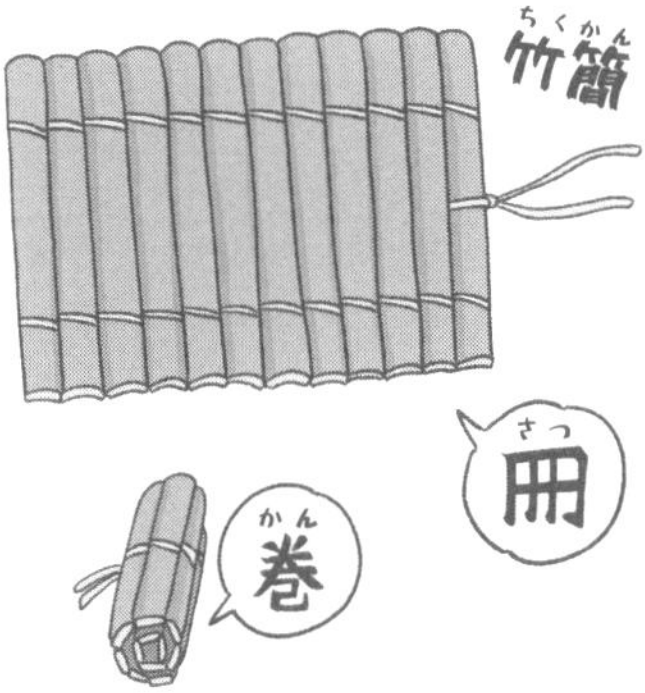

昔《むかし》の中国《ちゅうごく》などで紙代《かみが》わりにつかわれたのは、竹《たけ》や木《き》を細長《ほそなが》く切《き》った竹簡《ちくかん》や木簡《もっかん》です。1枚《まい》に20文字《もじ》くらいしか書《か》けないので、長《なが》い文章《ぶんしょう》のときは竹簡《ちくかん》に穴《あな》や切《き》りこみをつけ、糸《いと》などでつなげました。**400文字《もじ》の原稿用紙《げんこうようし》と同《おな》じ量《りょう》を書《か》くには、竹簡《ちくかん》が20枚《まい》も必要《ひつよう》**です。読《よ》むのも、もちはこぶのも、保管《ほかん》するのもたいへんですね。

ちなみに、竹簡《ちくかん》を糸《いと》でとじることを「編《へん》」、とじた竹簡《ちくかん》の集《あつ》まりを「冊《さつ》」とよびました。「冊《さつ》」という漢字《かんじ》は、竹簡《ちくかん》が糸《いと》でつながった様子《ようす》を表《あらわ》しています。

ざんねん

紙《かみ》

ミイラの包帯《ほうたい》も紙《かみ》の材料《ざいりょう》としてつかわれていた！

昔《むかし》、紙《かみ》の材料《ざいりょう》には古《ふる》い布《ぬの》などがつかわれていました。でも19世紀《せいき》にアメリカで起《お》きた戦争《せんそう》で紙《かみ》が足《た》りなくなったとき、とんでもない布《ぬの》で紙《かみ》を作《つく》ろうとした人《ひと》たちがいたようです。

それはなんと、**エジプトのミイラをつつんでいた包帯《ほうたい》。**たしかに、ミイラの包帯《ほうたい》も布《ぬの》ですが、なかなかゾッとする話《はなし》ですね。

できあがった紙《かみ》は茶色《ちゃいろ》くて、お店《みせ》の商品《しょうひん》をつつむ包装紙《ほうそうし》などにつかわれたようです。うぅ、ミイラさん、ごめんなさい。

びっくり! 紙《かみ》

シルク〔絹《きぬ》〕は今《いま》でも紙《かみ》としてつかわれている!

昔《むかし》の中国《ちゅうごく》では竹簡《ちくかん》のほかに、カイコのまゆで作《つく》った絹《きぬ》の布《ぬの》に文字《もじ》を書《か》く帛書《はくしょ》がありました。絹《きぬ》は表面《ひょうめん》がなめらかで美《うつく》しく、皇帝《こうてい》や貴族《きぞく》などから好《この》まれました。**紙《かみ》という漢字《かんじ》の「糸《いと》」は絹《きぬ》からきています。**「氏《し》」には「平《たい》ら、なめらか」という意味《いみ》もあります。つまり紙《かみ》には「糸《いと》からできた平《たい》らでなめらかなもの」という意味《いみ》があったのです。ちなみに、**絹《きぬ》は今《いま》でも日本画《にほんが》などで絵《え》を描《えが》く素材《そざい》としてつかわれる**ことがありますよ。

ざんねん

紙《かみ》

オイルショックに翻弄《ほんろう》された石油《せきゆ》で作《つく》られた紙《かみ》・ユポ

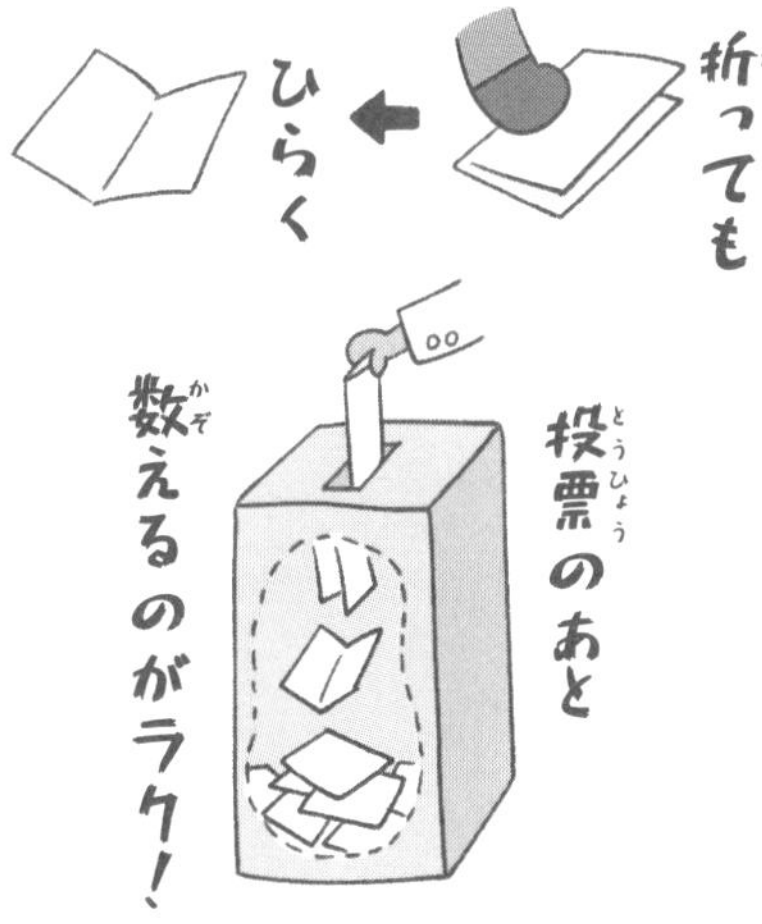

日本《にっぽん》では戦後《せんご》、紙《かみ》をつかう量《りょう》が増《ふ》え、木《き》をつかわない紙《かみ》の研究《けんきゅう》が行《おこな》われました。そこで生《う》まれたのが、石油《せきゆ》の合成紙《ごうせいし》・ユポ。**なんとそのころ「石油《せきゆ》はどんどん安《やす》くなる。たくさんつかおう！」といわれていた**のです。

しかし、1973年《ねん》に石油《せきゆ》を輸出《ゆしゅつ》する中東《ちゅうとう》の国々《くにぐに》が石《せき》油《ゆ》の値段《ねだん》を引《ひ》き上《あ》げ、世界中《せかいじゅう》が大混乱《だいこんらん》（オイルショック）。合成紙《ごうせいし》のもりあがりもしぼみました。

ただ、ユポは丈夫《じょうぶ》で折《お》れにくいので、**今《いま》も選挙《せんきょ》の投票《とうひょう》用紙《ようし》などにつかわれています。**

紙《かみ》の進化《しんか》の歴史《れきし》

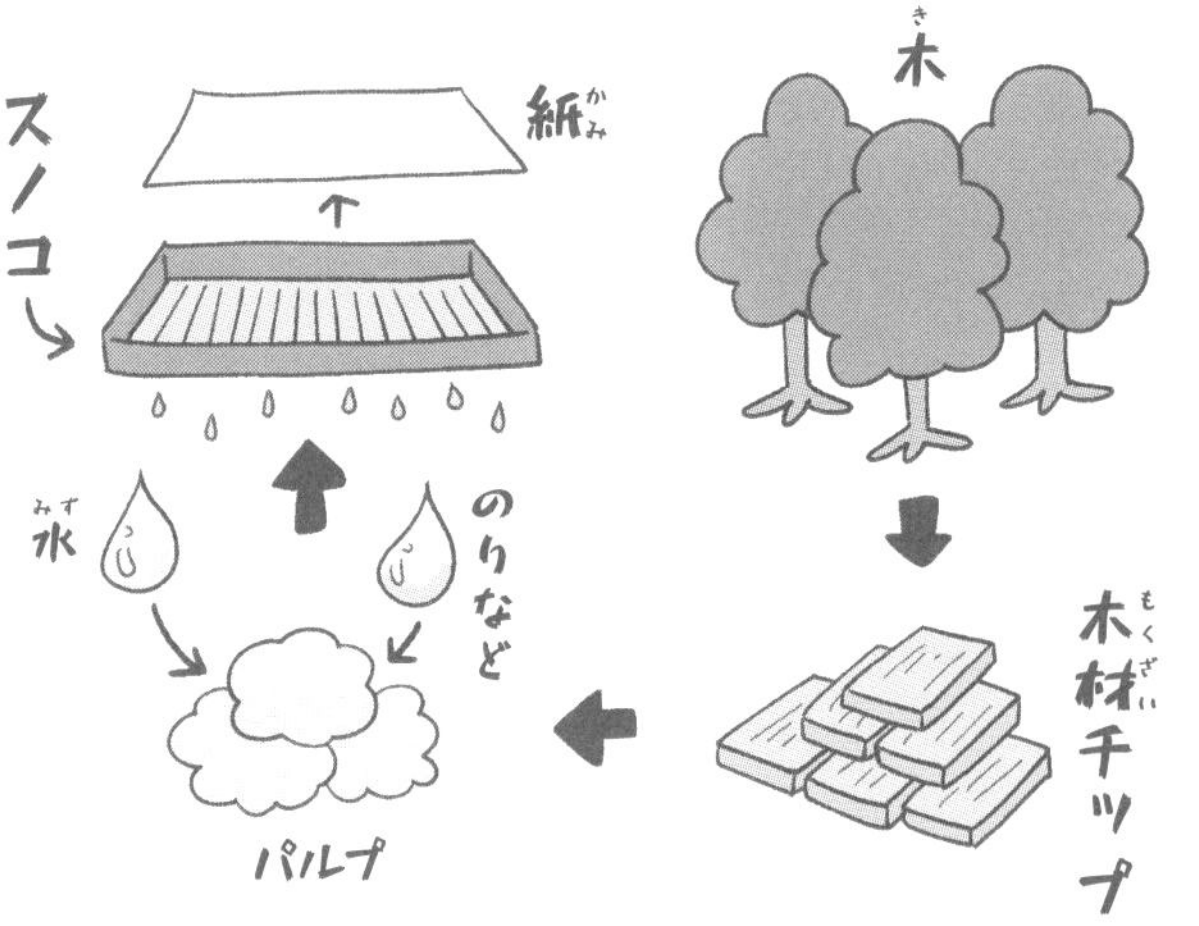

今《いま》の私《わたし》たちがつかう紙《かみ》は植物《しょくぶつ》が原料《げんりょう》です。こまかく**ほぐした植物《しょくぶつ》を水《みず》やのりなどとまぜてドロドロにし、繊維《せんい》をからみあわせてかためたもの**を紙《かみ》とよびます。この作《つく》り方《かた》を編《あ》み出《だ》したのは、西暦《せいれき》105年《ねん》ごろの中国《ちゅうごく》の役人《やくにん》・蔡倫《さいりん》です。

紙《かみ》は、植物《しょくぶつ》の繊維《せんい》、水《みず》、のりなどをまぜたもの（パルプ）を、ワクをつけたスノコに流《なが》しこんで作《つく》ります。このスノコを改良《かいりょう》し、作業《さぎょう》の効率《こうりつ》を大《おお》きく高《たか》めたのも蔡倫《さいりん》です。ワクから外《はず》したパルプをかわかすと、私《わたし》たちになじみぶかい紙《かみ》ができます。手作業《てさぎょう》が機械《きかい》になっても、基本的《きほんてき》な作《つく》り方《かた》や考《かんが》え方《かた》は、蔡倫《さいりん》の時代《じだい》とほとんど同《おな》じです。

ざんねん
ステープラー

昔《むかし》はただの針《はり》をさして紙《かみ》をとめていた

ステープラー（いわゆるホッチキス）ができる前《まえ》、紙《かみ》をとじるときは、いったいなにがつかわれていたのでしょうか。

正解《せいかい》はピン。**ただの針《はり》**です。おさいほうのときは、まち針《ばり》で布《ぬの》をとめますね。それと同《おな》じように、束《たば》ねたい紙《かみ》のカドなどにさしました。

「でもこれって針《はり》の部分《ぶぶん》がむきだしであぶないのでは？」と思《おも》いますよね。

じっさいその通《とお》りで、**手《て》や指《ゆび》をさす**ことはしょっちゅうありました。それに、**ひっかかりがないので、スルッとぬけてしまう**ことも。こんな針《はり》が、机《つくえ》やゆかに落《お》ちていたら、ちょっとキケンです。

たくさんの紙《かみ》に針《はり》を通《とお》すのも、手《て》が痛《いた》くなるたいへんな仕事《しごと》です。そこで、**ピンを自動的《じどうてき》にさしてくれる機械《きかい》**、なんていうものも発明《はつめい》されました。

ちょっとおおげさな気《き》もしますが、それだけ当時《とうじ》の人《ひと》にとっては、なんとかしたい問題《もんだい》だったのでしょう。

ホッチキスはもともとアメリカの会社《かいしゃ》の名前《なまえ》だったみたい

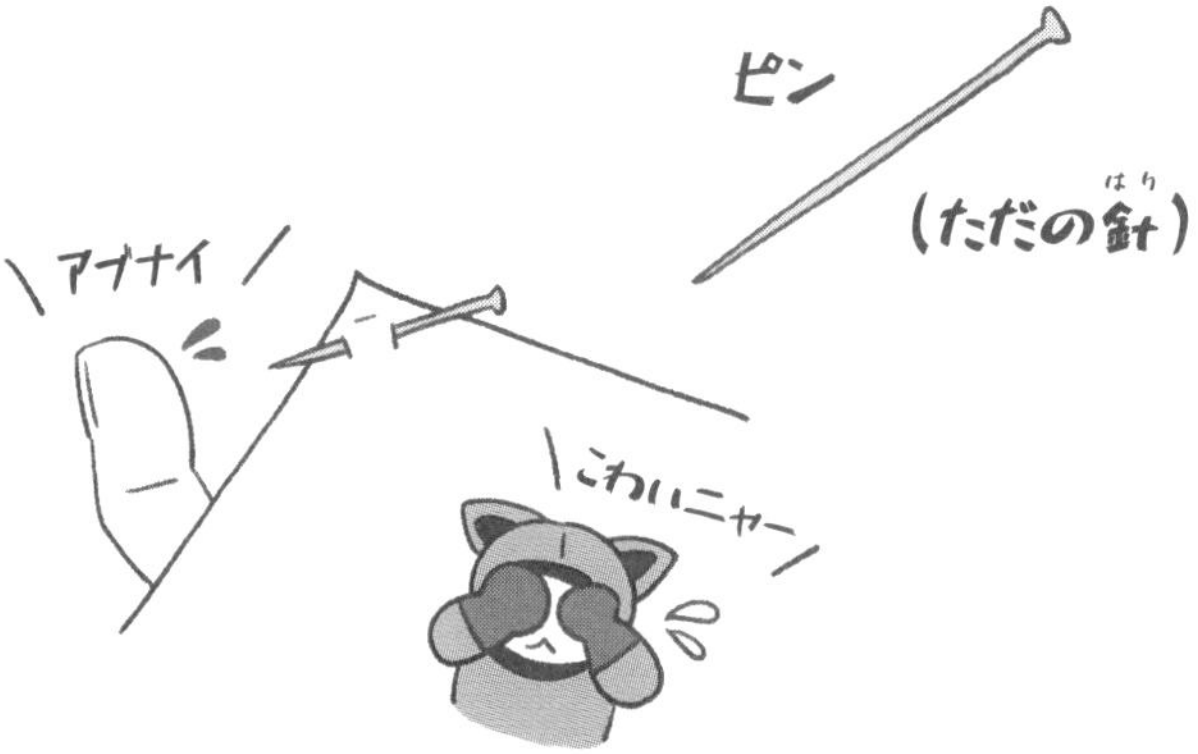

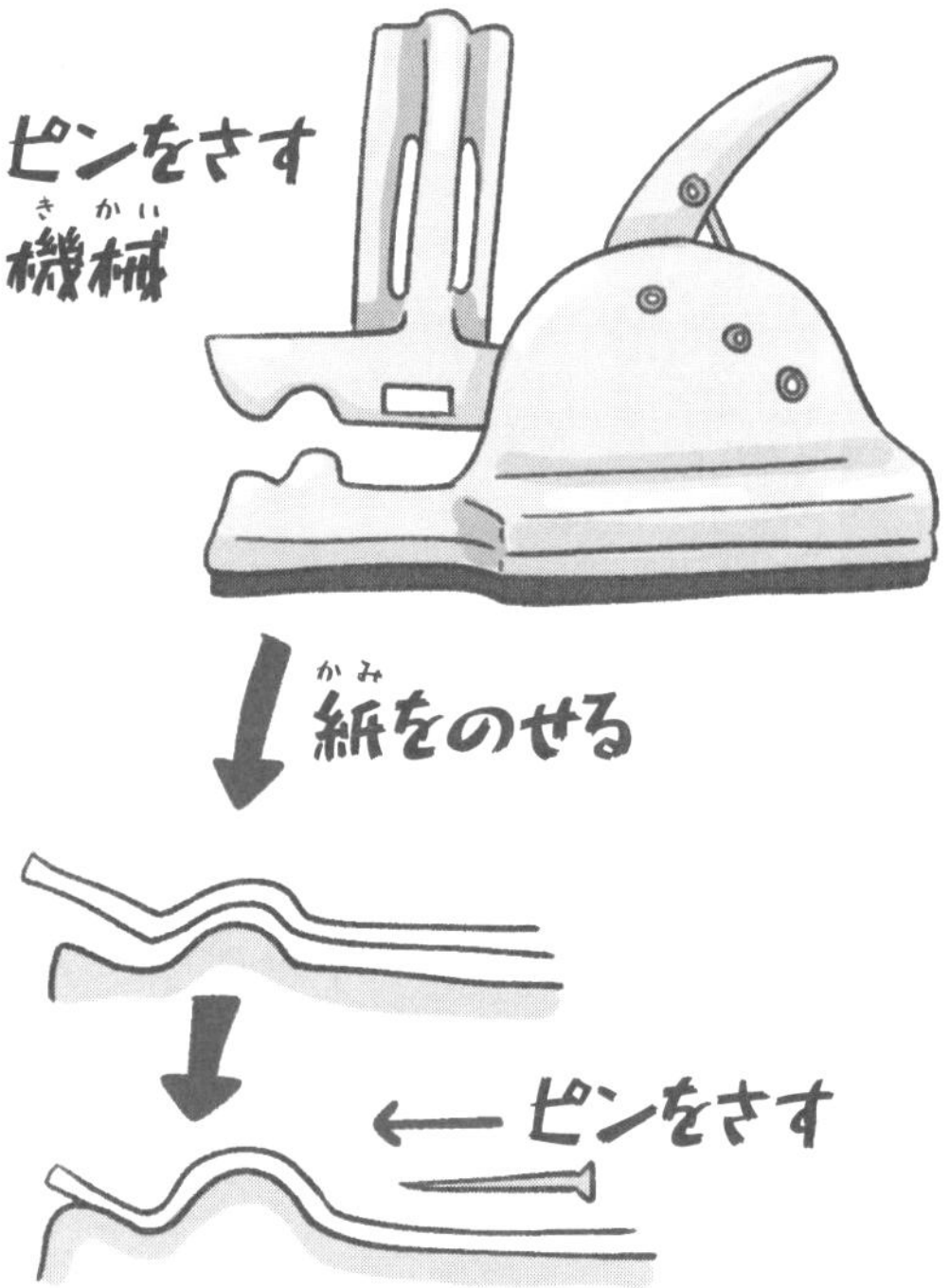

ステープラーの進化《しんか》の歴史《れきし》

ピンよりもっとラクに、安全《あんぜん》に紙《かみ》をとじたいという思《おも》いからできたのがステープラーです。

今《いま》のように、**コの字形《じがた》の針《はり》を紙《かみ》に通《とお》して、とびだした部分《ぶぶん》を折《お》りたたむかたちのステープラー**ができたのは1870年《ねん》代《だい》。このとき、針《はり》はまだ1本《ぽん》ずつにわかれていました。

でも、1回《かい》とじるごとに針《はり》を入《い》れるのはめんどうですよね。そこで、考《かんが》え出《だ》された解決策《かいけつさく》のひとつが、**長《なが》い針金《はりがね》（ワイヤー）をつかうステープラー。**ハンドルを押《お》すと、1回分《かいぶん》の長《なが》さの針《はり》が切《き》りとられるしくみです。

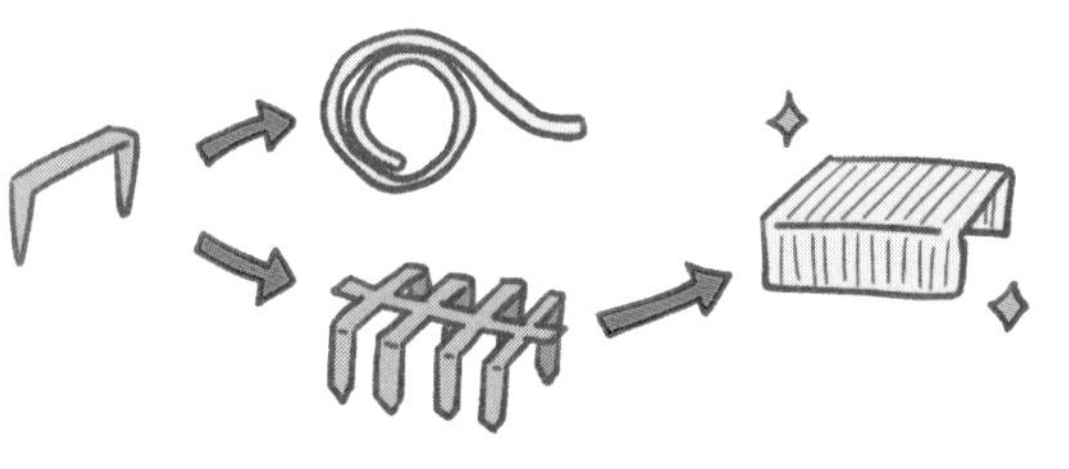

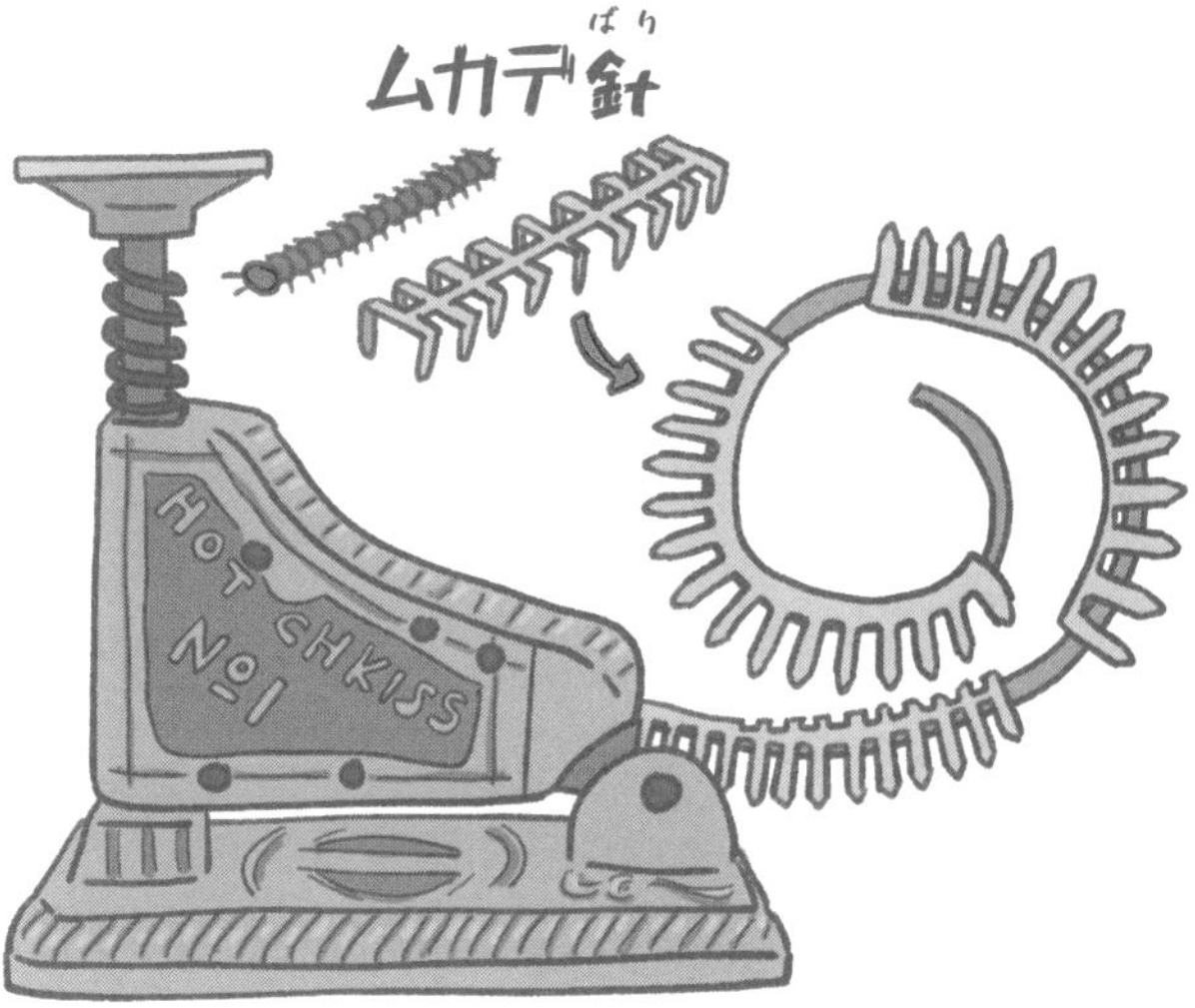

これはなかなか、すごいのではないでしょうか。

ほかには、あらかじめコの字形《じがた》にした針《はり》をつなぎあわせるアイデアも登場《とうじょう》します。その針《はり》は上《うえ》のイラストのようなかたちをしていて、見《み》た目《め》のイメージから**「ムカデ針《ばり》」**とよばれることもありました。

針《はり》の幅《はば》は２ミリメートルほどあるので、しっかりとめられます。でも、**紙《かみ》をとじるのと同時《どうじ》に太《ふと》い針《はり》を切《き》りはなすしかけなので、押《お》すのにかなり力《ちから》が必要《ひつよう》**です。日本《にっぽん》には明《めい》治時代《じじだい》のころにアメリカから輸入《ゆにゅう》され、昭和《しょうわ》のころまでつかわれていました。

その後《ご》、今《いま》のように細《ほそ》い針《はり》をのりでくっつけたものができて、より軽《かる》い力《ちから》で押《お》せるようになりました。ステープラーも、どんどん便利《べんり》に進化《しんか》しています。

びっくり！ステープラー

針《はり》なしのステープラーはじつはけっこう昔《むかし》からあった

ステープラーには、針《はり》をつかわずに紙《かみ》をとじる、針《はり》なしステープラーもあります。最近《さいきん》になって発明《はつめい》されたもの？　というイメージがありますが、その歴史《れきし》は意外《いがい》と古《ふる》く、**大正時代《たいしょうじだい》のはじめのころには日本《にっぽん》に輸《ゆ》入《にゅう》されていました。**

針《はり》なしステープラーは、切《き》りこみを入《い》れた紙《かみ》を折《お》りかえし、切《き》りこみを入《い》れるのと同時《どうじ》にあけた穴《あな》にさしこんで、紙《かみ》をとめます。ただ、そのしくみのため、**あまりたく**

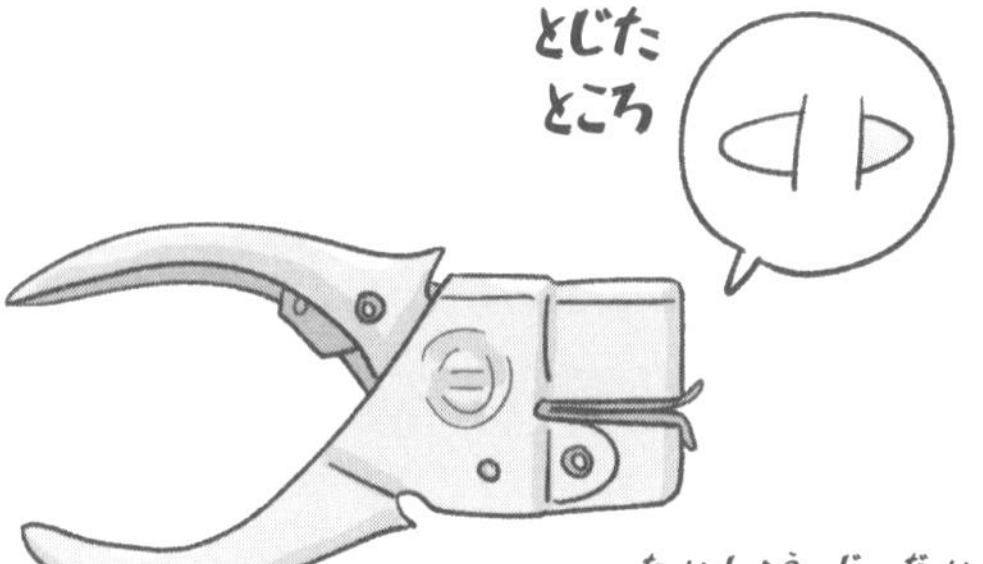
とじたところ

大正時代《たいしょうじだい》

すごくにてるニャー!!

さんの枚数《まいすう》はとじられません。

　針《はり》をつかうステープラーが登場《とうじょう》してからは、そちらのほうが便利《べんり》なので、忘《わす》れられてしまいました。

　それが2000年代《ねんだい》にふたたび注目《ちゅうもく》をあつめます。理由《りゆう》は、**針《はり》をつかわないので、分別《ぶんべつ》しなくても紙《かみ》をリサイクルできて、エコだから。**

　それもあってか、2009年《ねん》にコクヨ社《しゃ》が発売《はつばい》した針《はり》なしステープラー「ハリナックス」は、ちょっとしたブームになりました。時代《じだい》とともに人《ひと》びとの考《かんが》えかたが変《か》わって、同《おな》じ文房具《ぶんぼうぐ》でもちがう面《めん》がいいといわれるなんて、ちょっとおもしろいですね。

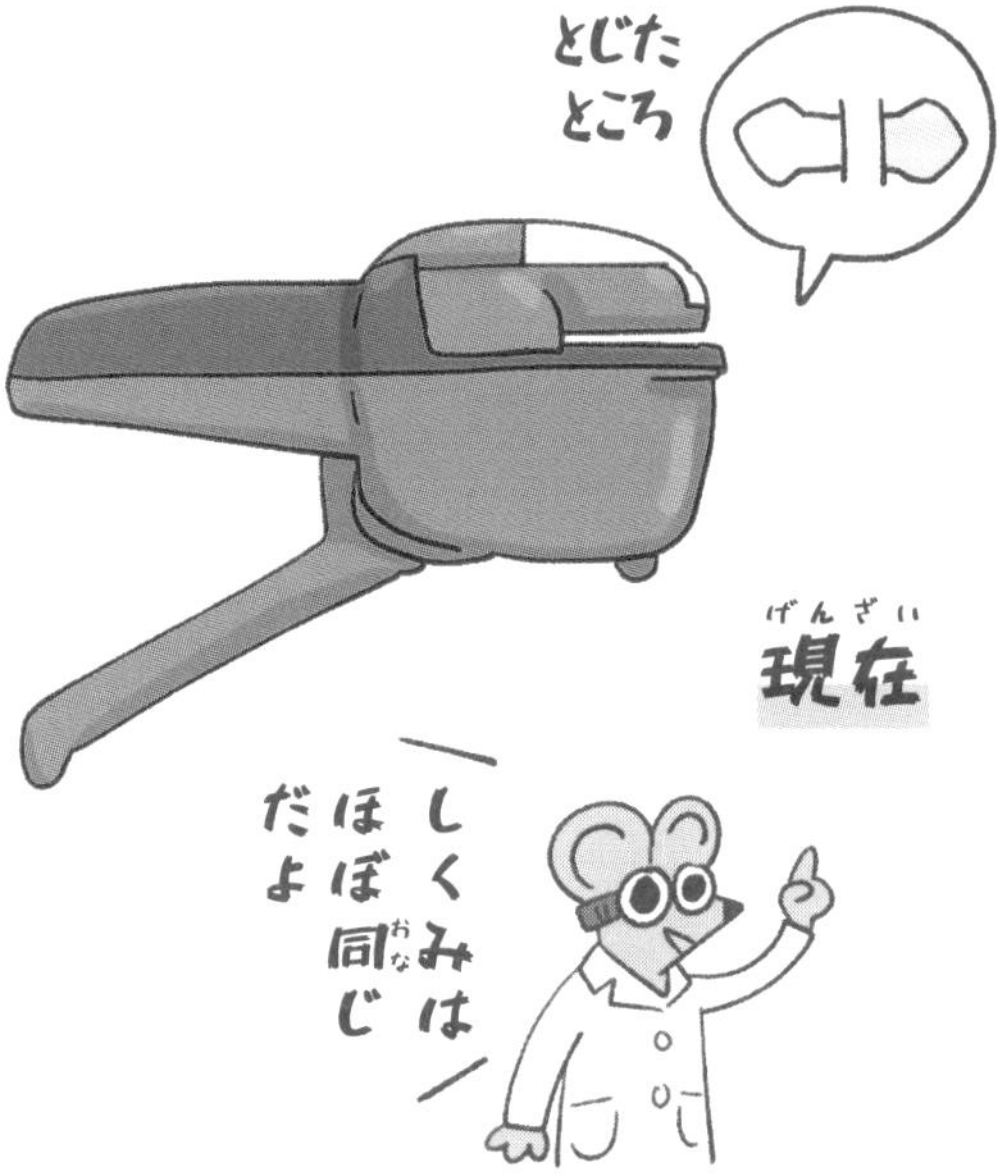

紙《かみ》の使用時期年表《しようじきねんぴょう》

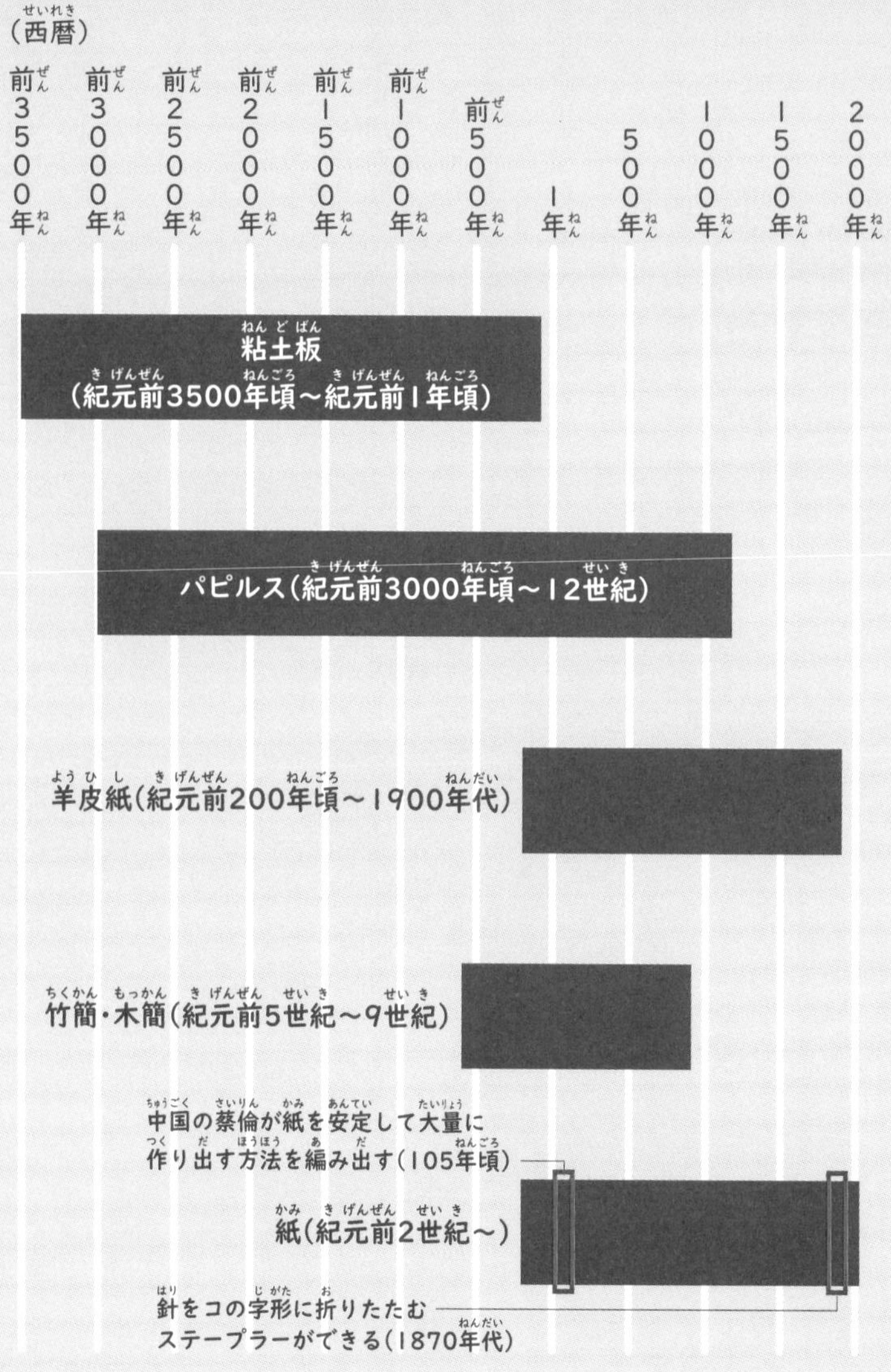

第《だい》5章《しょう》

数《かぞ》える、刷《す》る、入《い》れる

ざんねん
計算機《けいさんき》

かつてそろばんつき電卓《でんたく》という謎《なぞ》の合体《がったい》アイテムがあった

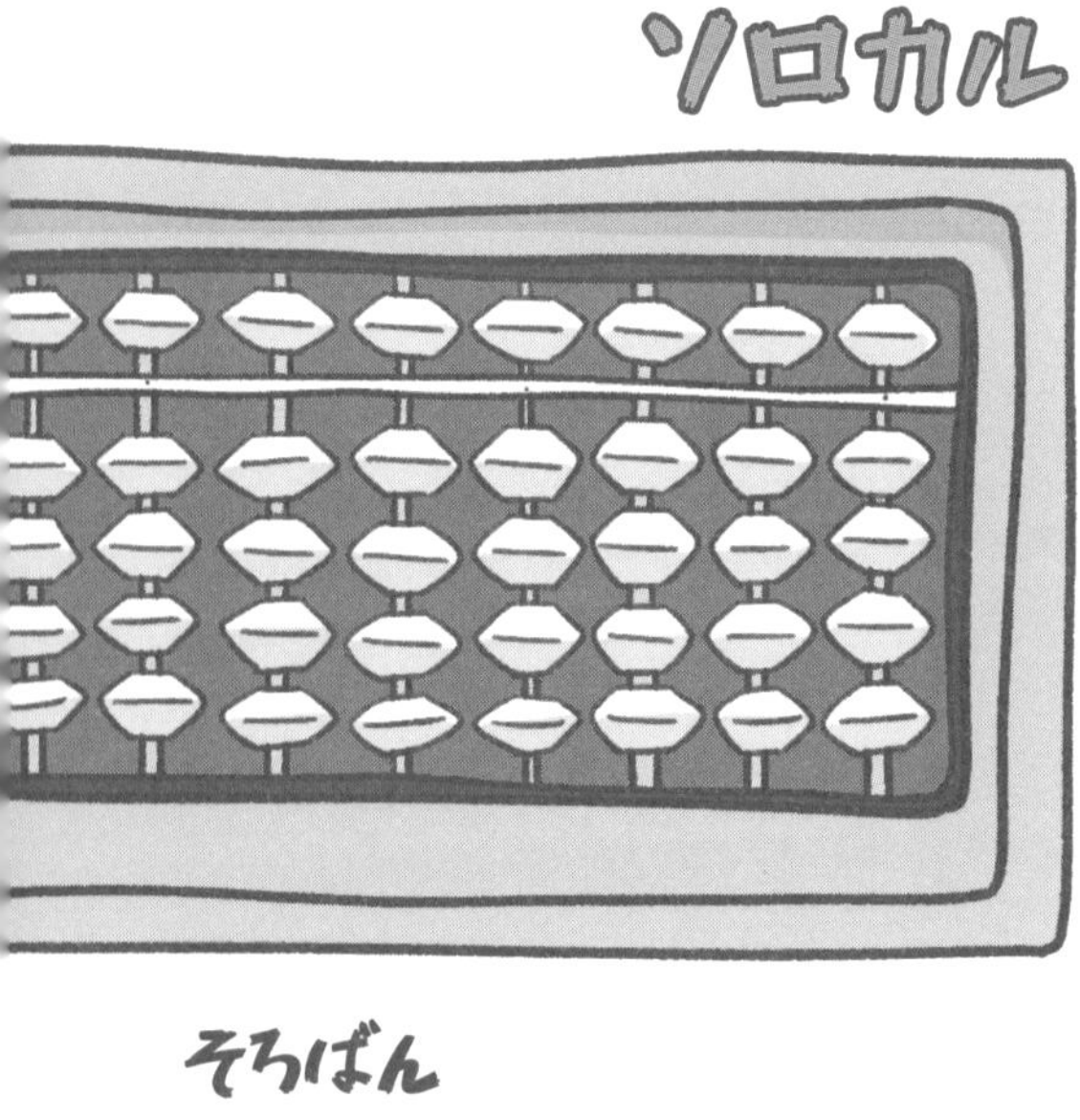

こちらをごらんください。
そろばんと電卓《でんたく》が合体《がったい》した計算道具《けいさんどうぐ》、その名《な》も「ソロカル」です。
電卓《でんたく》は英語《えいご》でカルキュレーターなので、「そろ」ばん＋「カル」キュレーターでソロカル、というわけ。１９７８年《ねん》から１９８４年《ねん》ごろまで売《う》られていました。「そろばんで計算《けいさん》した数字《すうじ》を電卓《でんたく》にうつせる」とか、そんな特別《とくべつ》な機能《きのう》はありません。ほんとうに、**ただくっついているだけ**です。

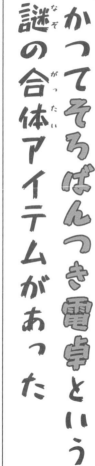

電卓《でんたく》（カルキュレーター）

そのころの日本人《にほんじん》にとっては、そろばんをつかうことがふつうだったので、足《た》し算《ざん》や引《ひ》き算《ざん》なら、そろばんのほうが早《はや》かったのです。

それに、**電卓《でんたく》の答《こた》えを信《しん》じられなくて、そろばんでたしかめ算《ざん》をしたりしていました。**今《いま》、私《わたし》たちがAI《エーアイ》の答《こた》えを「それってほんと？」とうたがってしまうのと、おなじような感《かん》じでしょうか。

こんな道具《どうぐ》が生《う》まれたのは、世界《せかい》を見《み》ても日本《にっぽん》だけ。その理由《りゆう》は、西洋《せいよう》と東洋《とうよう》の計《けい》算機《さんき》の歴史《れきし》と、日本《にっぽん》とのかかわりにありました。

中国《ちゅうごく》と日本《にっぽん》のそろばんは珠《たま》の数《かず》がちがう

東洋《とうよう》の計算機《けいさんき》といえば、そろばんです。

いつごろできたのか、はっきりとはわかりませんが、2000年前《ねんまえ》の中国《ちゅうごく》にはすでにあったようです。1300年代《ねんだい》には、かなり広《ひろ》くつかわれていました。

日本《にっぽん》にとどいたのは、1500年代《ねんだい》。明《みん》(昔《むかし》の中国《ちゅうごく》)との貿易《ぼうえき》で伝《つた》わったようです。

中国《ちゅうごく》のそろばんは、珠《たま》がちょっとつぶれた、おだんごみたいなかたちになっています。

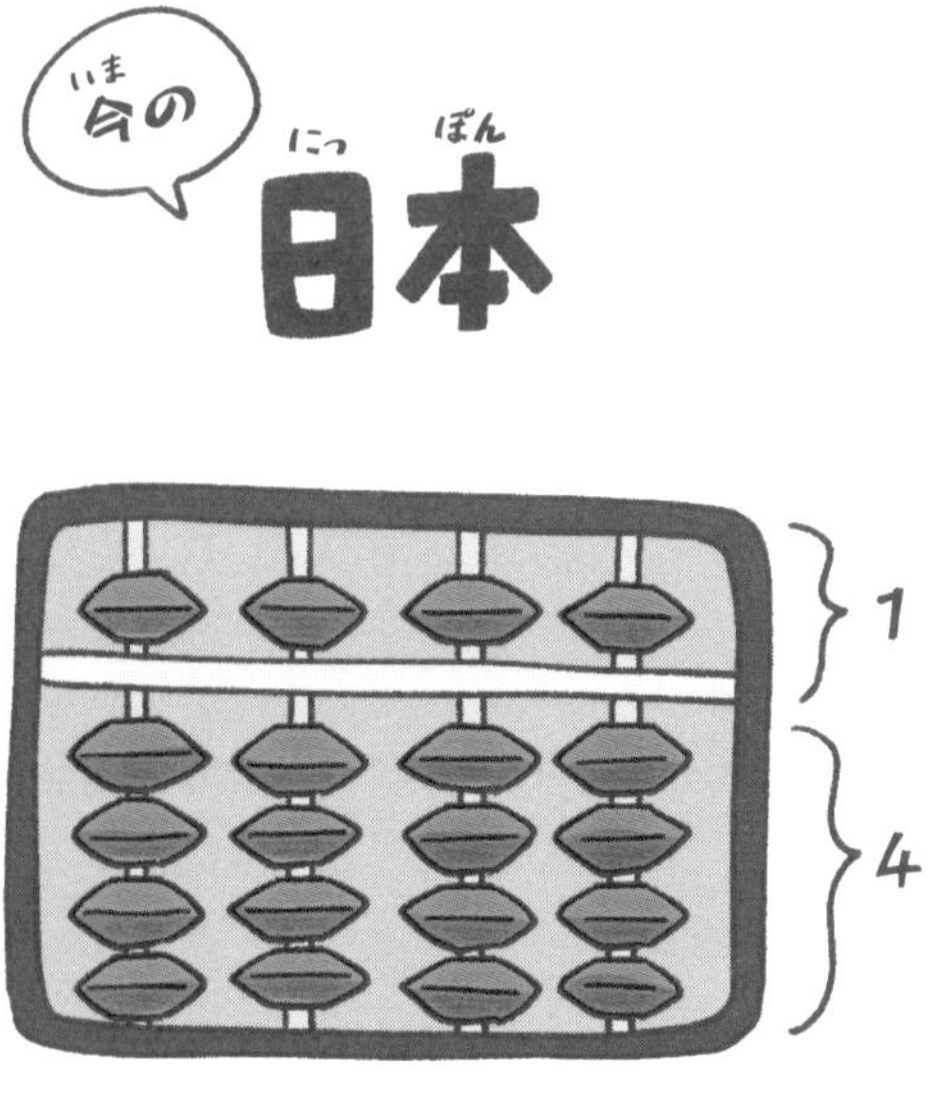

上《うえ》の珠《たま》と下《した》の珠《たま》を区切《くぎ》る横棒《よこぼう》は「はり」っていうらしいよ

日本《にっぽん》のそろばんの珠《たま》は、ひし形《がた》がとくちょうです。そのほうが、すばやく指《ゆび》ではじくことができて、計算《けいさん》のまちがいもすくないというのが理由《りゆう》です。

珠《たま》の数《かず》も、**中国《ちゅうごく》は上《うえ》が2珠《たま》、下《した》が5珠《たま》。そこから変化《へんか》した日本《にっぽん》のものは上《うえ》が1珠《たま》、下《した》が4珠《たま》、**とちがいがあります。

そろばんは、つかえるようになるまで、ちょっと勉強《べんきょう》と練習《れんしゅう》が必要《ひつよう》ですが、**慣《な》れてしまえば、とても速《はや》く正確《せいかく》に計算《けいさん》ができる、なかなか優秀《ゆうしゅう》な計算機《けいさんき》**です。

日本《にっぽん》では、1970年代《ねんだい》の終《お》わりごろまで、生活《せいかつ》にかかせない道具《どうぐ》でした。

ざんねん

計算機《けいさんき》

西洋《せいよう》の計算機《けいさんき》・アバカスだと大《おお》きい数字《すうじ》の計算《けいさん》が超《ちょう》たいへん

西洋《せいよう》にも、ローマの時代《じだい》にはそろばんみたいな計算機《けいさんき》がありました。でも、勉強《べんきょう》や練習《れんしゅう》が必《ひつ》要《よう》なそろばんは、西洋《せいよう》ではあまりはやりませんでした。

代《か》わりにつかわれていたのが、**アバカス**です。おはじきのような計算玉《けいさんだま》を、線《せん》をひいた台《だい》の上《うえ》にならべて計算《けいさん》します。私《わたし》たちが学校《がっこう》でつかう算数《さんすう》セットと、ちょっとにていますね。

たとえば、ヒツジ10頭《とう》と6頭《とう》をあわせると何《なん》頭《とう》か、ほんとうにヒツジをならべて数《かぞ》えるのはむずかしいので、**計算玉《けいさんだま》を数《かぞ》えるものに見立《みた》てて、代《か》わりにした**のです。そろばんより使《つか》い方《かた》がわかりやすいのが、アバカスのいいところです。

「桁《けた》」の考《かんが》え方《かた》もちゃんとあって、ひとつの計《けい》算玉《さんだま》を10や100に見立《み た》てることもできました。それでも、**計算《けいさん》したい数《かず》が大《おお》きくなると、ものすご〜く大《おお》きな机《つくえ》と、めちゃくちゃたくさんの計算玉《けいさんだま》が必要《ひつよう》**になります。それが、アバカスのちょっとざんねんなところです。

アバカスは小さい子向けのオモチャとして今も売ってるよ

メエー

ならばなくて
いいんですか?

だいじょぶ
ニャー

計算玉

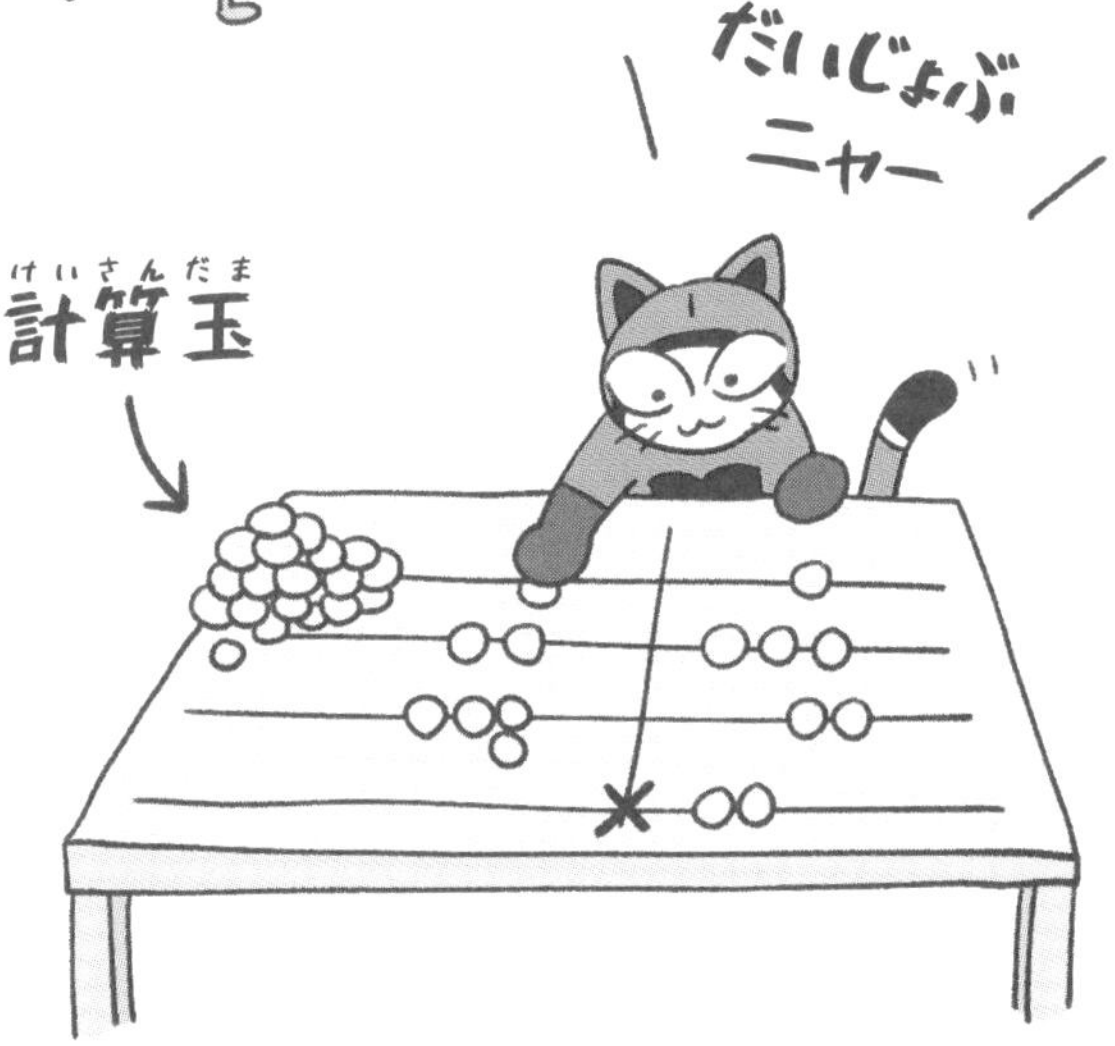

ざんねん
計算機《けいさんき》

初期《しょき》の計算機《けいさんき》はハンドルを何度《なんど》もガチャガチャさせた

そろばんやアバカスのほかに、紙《かみ》に数《かず》を書《か》いて計算《けいさん》する筆算《ひっさん》も発達《はったつ》します。それでも、勉強《べんきょう》や練習《れんしゅう》という努力《どりょく》が必要《ひつよう》な「計《けい》算《さん》」は長《なが》いあいだ、限《かぎ》られた人《ひと》だけがあつかえる、特別《とくべつ》な能力《のうりょく》でした。

それに革命《かくめい》を起《お》こしたのが**機械式計算機《きかいしきけいさんき》**です。西洋《せいよう》では１８００年代《ねんだい》の終《お》わりごろから広《ひろ》がりはじめました。日本《にっぽん》でも、１９２３年《ねん》にタイガー計算機《けいさんき》が発売《はつばい》されます。

当時《とうじ》の計算機《けいさんき》の使《つか》い方《かた》は、こんな感《かん》じで

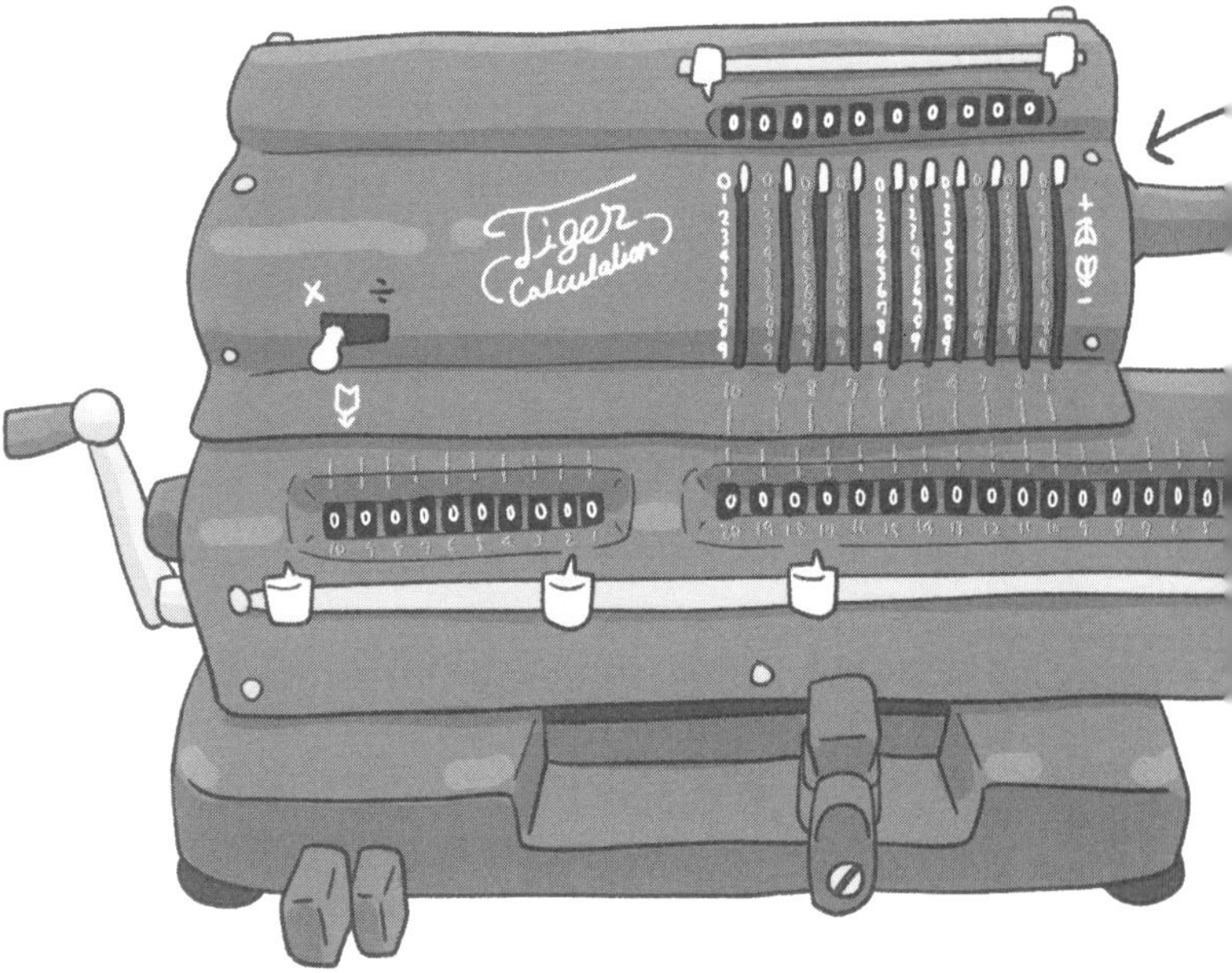

す。足《た》し算《ざん》をしたいとき、まずひとつめの数字《すうじ》をセットします。そこに、足《た》したい数《すう》字《じ》をセットして、ハンドルをガッチャン、とまわします。すると、ふたつの数字《すうじ》を足《た》した答《こた》えが出《で》てくるのです。

電気《でんき》もコンピューターもつかっていません。歯車《はぐるま》のくみあわせでできています。ものすごい技術《ぎじゅつ》ですね。だからか、お値段《ねだん》もビックリで、家《いえ》を買《か》えるぐらい高《たか》かったんだとか。

ただ、**かけ算《ざん》やわり算《ざん》はちょっと苦手《にがて》。**かける数《かず》の桁《けた》をずらしながら、その数字《すうじ》と同《おな》じだけ、ハンドルをガチャガチャ何回《なんかい》もまわさないといけないので、けっこうたいへんでした。

ざんねん

計算機《けいさんき》

はじめのころの電子計算機《でんしけいさんき》はめちゃくちゃデカくて高《たか》かった

電卓《でんたく》は「電子式卓上計算機《でんししきたくじょうけいさんき》」を短《みじか》くした言葉《ことば》です。電卓《でんたく》の前《まえ》には電子計算機《でんしけいさんき》がありました。

これはコンピューターのご先祖《せんぞ》さまみたいなもので、電気《でんき》をつかって、データを記《き》憶《おく》できる機能《きのう》をもっていました。

ただ、**ものすごく大《おお》きくて、部屋《へや》がうまってしまうほど。**そのすこしあと、1957年《ねん》に日本《にっぽん》ではじめて製品《せいひん》として発売《はつばい》されたカシオの電子計算機《でんしけいさんき》は、**重《おも》さが14**

机《つくえ》みたいだけど
これぜんぶ計算機《けいさんき》!!
重《おも》さ140キログラム
力士《りきし》としては
ややスリム
ですな

0キログラムと、おすもうさんクラス。値《ね》段《だん》は48万《まん》5000円《えん》。今《いま》のお金《かね》の価値《かち》で300万円《まんえん》くらいと、横綱《よこづな》クラス。

とても、ふつうの人《ひと》が買《か》えるものではありませんでした。

でも、技術《ぎじゅつ》の進化《しんか》するスピードはすさまじく、1962年《ねん》ごろには、イギリスの会《かい》社《しゃ》が机《つくえ》の上《うえ》にものる「卓上《たくじょう》」計算機《けいさんき》を一般《いっぱん》の人《ひと》むけに発売《はつばい》しました。**重《おも》さは14キログラムと、5年《ねん》で10分《ぶん》の1。価格《かかく》は36万円《まんえん》でした。**

日本《にっぽん》ではまだそろばんがトップを走《はし》っていましたが、このあたりから、電卓《でんたく》がどんどん追《お》いかけてきます。

びっくり！
計算機《けいさんき》

カシオが生《う》み出《だ》した電卓《でんたく》は世界《せかい》に衝撃《しょうげき》をあたえる安《やす》さ

日本最初《にっぽんさいしょ》の電卓《でんたく》は1964年《ねん》にシャープが発売《はつばい》したCS《シーエス》-10A《エー》です。同《おな》じ年《とし》に、キヤノンも電卓《でんたく》を発売《はつばい》しています。東京《とうきょう》オリンピックがひらかれたこの年《とし》は、日本《にっぽん》の電《でん》卓元年《たくがんねん》です。

その後《ご》も、電卓《でんたく》の小型化《こがたか》と、価格《かかく》の低下《ていか》はつづきました。決定的《けっていてき》なできごとは、1972年《ねん》の**カシオミニ**の発売《はつばい》です。

カシオ社《しゃ》が作《つく》ったこの電卓《でんたく》、**お値段《ねだん》はなんとびっくり、1万《まん》2800円《えん》！** それま

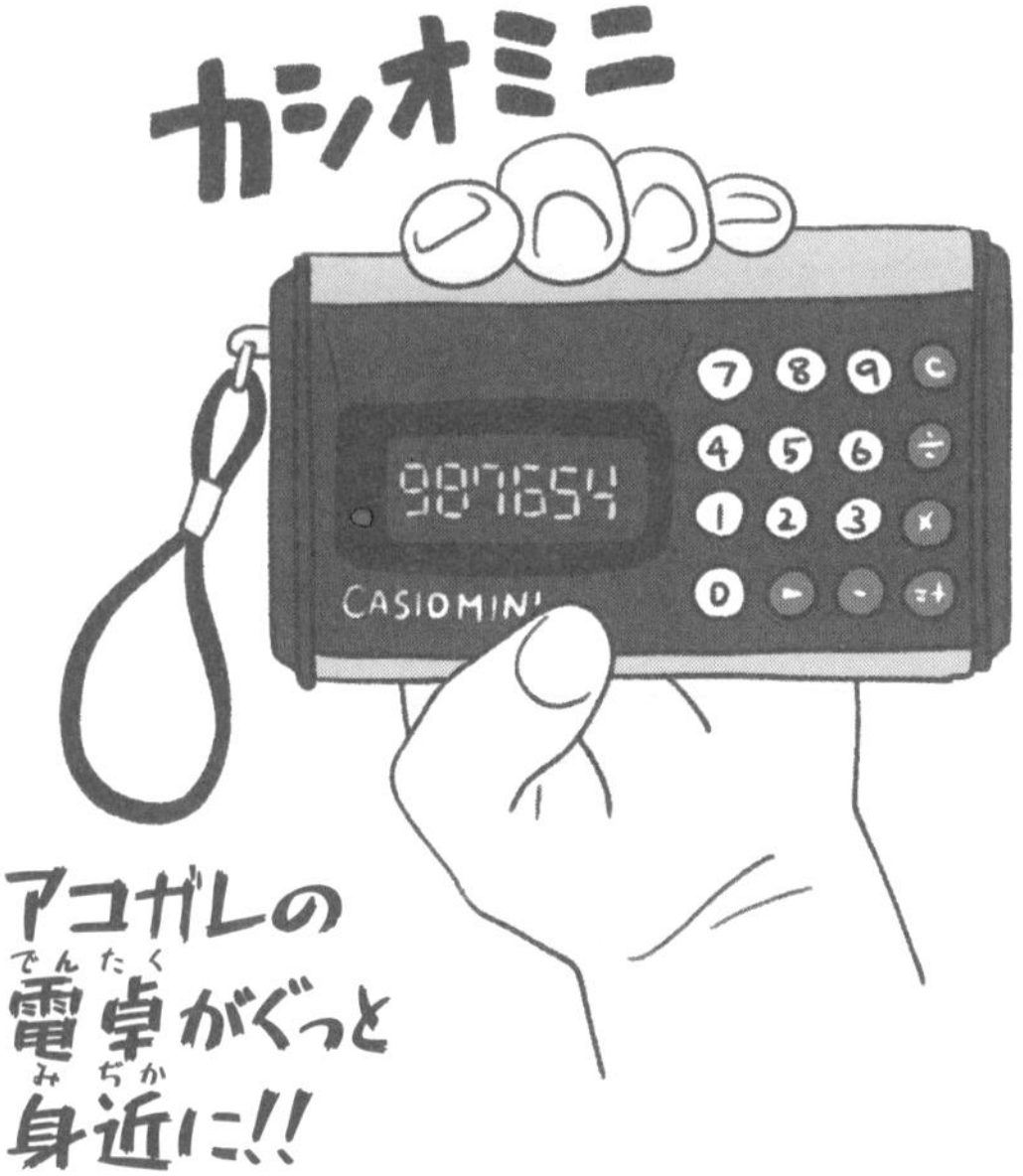
カシオミニ
987654
CASIOMINI
アコガレの電卓《でんたく》がぐっと身近《みぢか》に!!

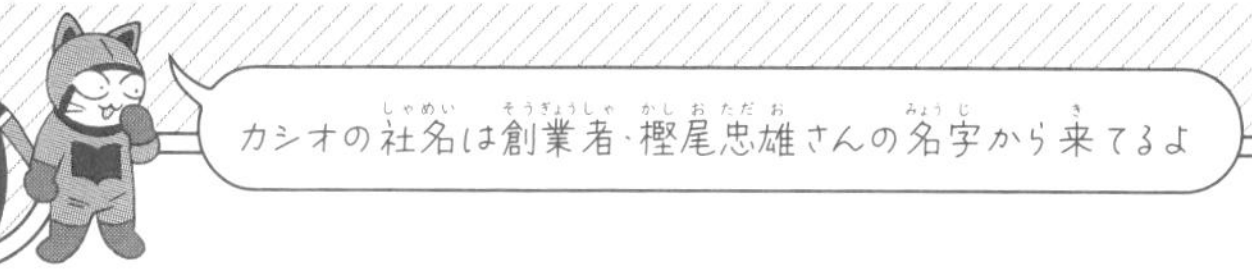

で5万円《まんえん》くらいはしていた高級品《こうきゅうひん》が、いっきにふつうの人《ひと》でも買《か》えるものになりました。これは、「カシオミニショック」といわれています。

このころ、西洋《せいよう》ではとっくに電卓《でんたく》がおもな計算道具《けいさんどうぐ》になっていましたが、日本《にっぽん》ではまだまだ、そろばんが主役《しゅやく》でした。

明《みん》から日本《にっぽん》に伝《つた》わった計算機《けいさんき》であるそろばんに、**このタイミングで、西洋《せいよう》からとどいた計算機《けいさんき》が、やっと追《お》いついた**のです。

そんなわけで、104ページで紹介《しょうかい》した**そろばんつき電卓《でんたく》は、東洋《とうよう》から見《み》ても、西洋《せいよう》から見《み》ても、遠《とお》い遠《とお》いさいはての地《ち》だった日本《にっぽん》だからこそ生《う》まれた文房具《ぶんぼうぐ》**だったんですね。

ざんねん

計算機《けいさんき》

計算尺《けいさんじゃく》は「だいたいの数字《すうじ》」しかわからない

そろばんや機械式計算機《きかいしきけいさんき》は、足《た》し算《ざん》や引《ひ》き算《ざん》はとくいだけれど、かけ算《ざん》やわり算《ざん》がちょっと苦手《にがて》です。さらに、平方根《へいほうこん》や三角《さんかく》関数《かんすう》などの、聞《き》いただけでクラクラするようなむずかしい計算《けいさん》になると、もうお手《て》あげです。

そこをひきうけていたのが、**計算尺《けいさんじゃく》**という道具《どうぐ》。スライドして目盛《めも》りを合《あ》わせるだけで、計算《けいさん》の答《こた》えがすぐにわかる、なかなかのすぐれものです。

0.3? 0.4?
ウーン
だいたいはわかる

でも、ここにひとつ落《お》とし穴《あな》が。**答《こた》えを目盛《めも》りで読《よ》みとるので、正確《せいかく》な数字《すうじ》を知《し》ることはむずかしかった**のです。

だって、下《した》のイラストの目盛《めも》りがあらわしている数字《すうじ》が、0・3か、0・35か、0・4かなんて、人間《にんげん》の目《め》ではハッキリとわからないですよね？　それでも、必要《ひつよう》な桁《けた》までの、**ほぼ正《ただ》しい答《こた》えはわかるので、設計《せっけい》や製図《せいず》をする技術者《ぎじゅつしゃ》や、理系《りけい》の学生《がくせい》、研究者《けんきゅうしゃ》にはかかせない道具《どうぐ》**でした。

そのため、そろばんが電卓《でんたく》におきかわってからも、計算尺《けいさんじゃく》はしばらくがんばっていたのです。ただそれも、複雑《ふくざつ》な計算《けいさん》ができる関数電卓《かんすうでんたく》が登場《とうじょう》してからは、姿《すがた》を消《け》してしまいました。

ざんねん

計算機《けいさんき》

ゼロがない時代《じだい》の筆算《ひっさん》は言葉《ことば》や文字《もじ》でがんばっていた

私《わたし》たちが筆算《ひっさん》できるのは「1、2、3」というアラビア数《すう》字《じ》とゼロのおかげ。**ゼロがない時代《じだい》、数字《すうじ》が入《はい》らない桁《けた》には、なにも書《か》けません。**また数《かず》は「百《ひゃく》・千《せん》・万《まん》・V（＝5）・X（＝10）・C（＝100）」のように言葉《ことば》や文字《もじ》で書《か》いていました。筆算《ひっさん》の桁《けた》がそろわないから計算《けいさん》は超《ちょう》たいへん。**言葉《ことば》で名前《なまえ》がついていない大《おお》きい数《かず》は説明《せつめい》すらできません。**

ためしにローマ数字《すうじ》で計算《けいさん》してみました。今《いま》の算数《さんすう》ドリルがこんなじゃなくて、ほんとうによかったです。

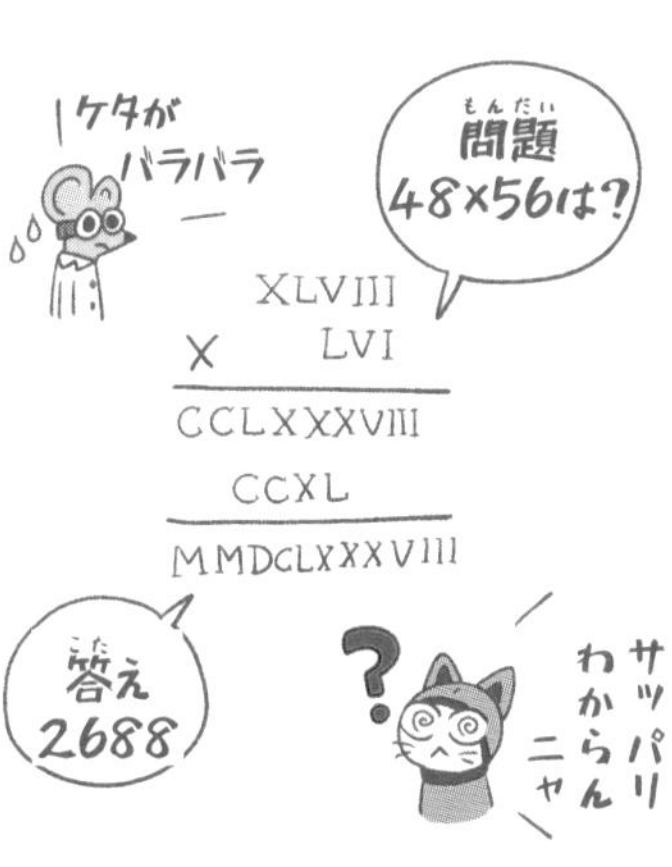
問題《もんだい》
48×56は？
ケタがバラバラ
XLVIII
× LVI
CCLXXXVIII
CCXL
MMDCLXXXVIII
答《こた》え
2688
サッパリわからんニャ

ざんねん
印刷機《いんさつき》

明《めい》治《じ》時《じ》代《だい》はコンニャクでプリントを作《つく》っていた？

正《ただ》しくは
ヘクトグラフ
という
原稿《げんこう》
板《いた》
コンニャクをつかうことも
コピーされる
インクがうつっている
食《た》べる？
フル
フル

明治時代《めいじじだい》、学校《がっこう》のプリントはコンニャク版《ばん》で作《つく》っていました。夏目漱石《なつめそうせき》の小説《しょうせつ》『坊《ぼ》っちゃん』にも登《とう》場《じょう》します。正《ただ》しくは**ヘクトグラフ**といい、**すきとおったプルプル**のゼラチンの板《いた》をつかいます（ほんとにコンニャクをつかうこともあったらしい）。インクで書《か》いた原稿《げんこう》をのせると、板《いた》にインクがうつるので、新《あたら》しい紙《かみ》をのせておさえると、元《もと》の原稿《げんこう》がコピーされるしくみです。**板《いた》は洗《あら》えば食《た》べられた**みたいですが……。食《た》べたいですかね？

ざんねん

印刷機《いんさつき》

昔《むかし》の木版《もくはん》で本《ほん》を作《つく》るときは1字《じ》まちがえたらやり直《なお》し

ひとつでもまちがえたらおわりニャ

木版《もくはん》

書類《しょるい》や本《ほん》を印刷《いんさつ》するのに長《なが》くつかわれてきたのは、木《き》で作《つく》った版《はん》・木版《もくはん》です。木《き》の板《いた》に1ページ分《ぶん》の文字《もじ》をひとつひとつ、彫《ちょう》刻刀《こくとう》でほって版《はん》を作《つく》ります。

できた版《はん》にインクをつけたら、紙《かみ》をのせて、うつしとります。

自分《じぶん》でハンコを作《つく》ったことがある人《ひと》はわかると思《おも》いますが、このときの木版《もくはん》の字《じ》は、鏡写《かがみうつ》しに彫《ほ》らなくてはいけません。それに、**ちょっとでもまちがえたら、まるま**

活版印刷《かっぱんいんさつ》、羅針盤《らしんばん》、火薬《かやく》がルネサンスの三大発明《さんだいはつめい》といわれるよ

バラバラに作《つく》って
あとでならべたらいいかも
さすがグーテンベルクさん!!

活字《かつじ》

るやり直《なお》しです。

こんなふうに手間《てま》がかかるので、本《ほん》はとっても高級《こうきゅう》なものでした。

これに革命《かくめい》をおこしたのが、ドイツ人《じん》のグーテンベルクです。1450年《ねん》ごろ、字《じ》の版《はん》を1文字《ひともじ》ずつバラバラに作《つく》って、原稿《げんこう》に合《あ》わせてならべて版《はん》を作《つく》る方法《ほうほう》を広《ひろ》めました。これが**「活字《かつじ》」**です。

さらに、グーテンベルクは活字《かつじ》を木《き》ではなく、金属《きんぞく》で作《つく》りました。金属《きんぞく》なら、型《かた》がひとつあれば、そこから同《おな》じものをたくさん作《つく》れます。

こうして印刷《いんさつ》はぐっとハードルが下《さ》がり、本《ほん》はだれでも手《て》にできるものになっていったのです。

びっくり！

印刷機《いんさつき》

ガリ版《ばん》という名前《なまえ》の由来《ゆらい》は作《つく》るときガリガリ削《けず》るから

119ページで紹介《しょうかい》したコンニャク版《ばん》より20年《ねん》くらいあとからつかわれたのは謄写《とうしゃ》版印刷《ばんいんさつ》、いわゆる**ガリ版《ばん》**です。

ガリ版《ばん》の道具《どうぐ》は、原紙《げんし》、やすり盤《ばん》、鉄筆《てっぴつ》、ローラーなどが基本《きほん》です。

原紙《げんし》にはうすくロウがぬられています。やすり盤《ばん》の上《うえ》に原紙《げんし》をおいて、鉄筆《てっぴつ》（針《はり》みたいなもの）で字《じ》や絵《え》をかくと、そこだけロウが削《けず》れます。**削《けず》るときのガリガリという音《おと》から、ガリ版《ばん》という名前《なまえ》がつきました。**

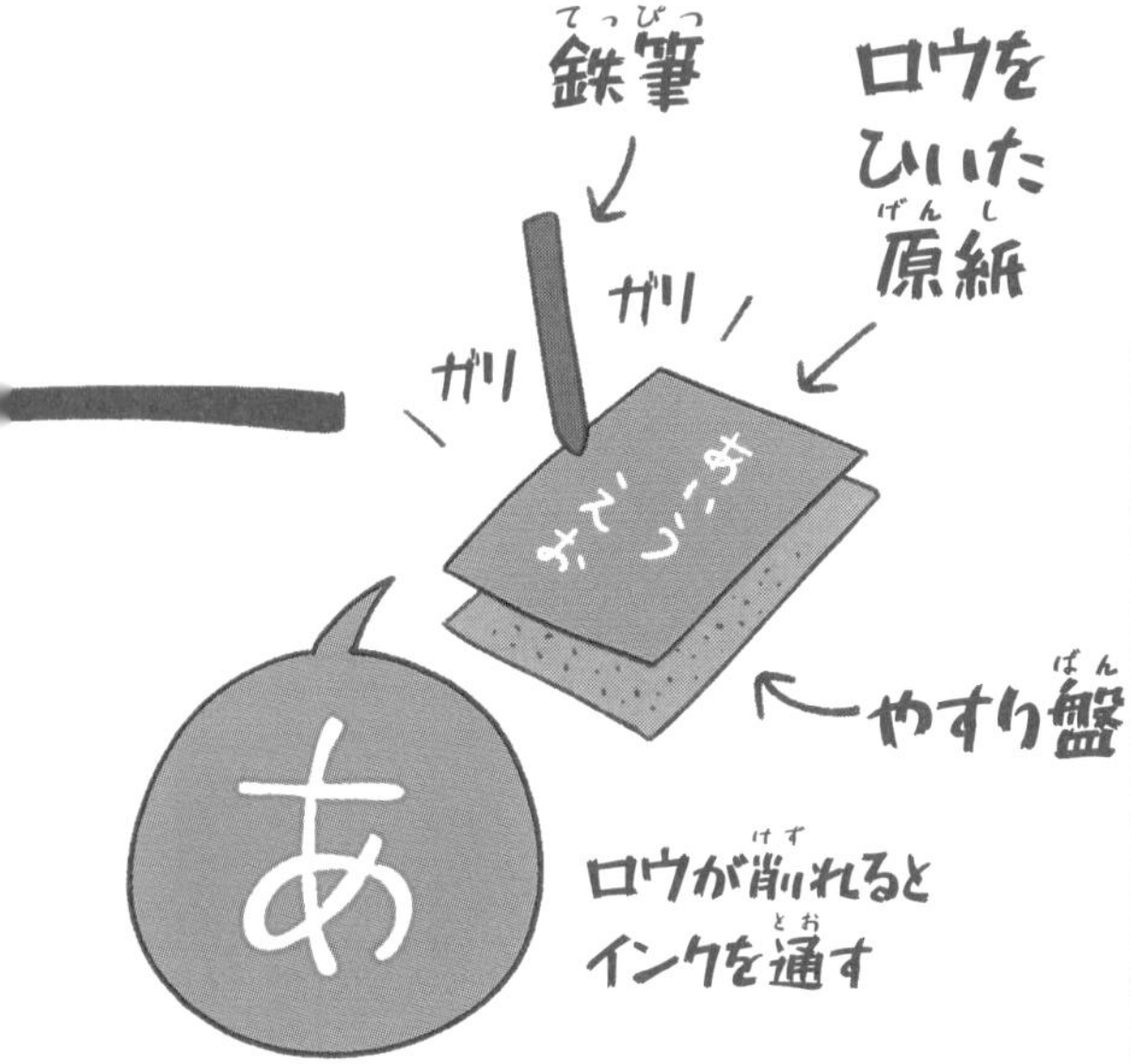

ロウはインクを通《とお》しませんが、削《けず》れたところはインクを通《とお》します。なので、削《けず》り終《お》わった原紙《げんし》の下《した》に紙《かみ》をしいて、原紙《げんし》の上《うえ》からインクをつけたローラーをころがすと、削《けず》った部分《ぶぶん》にだけインクがついて、印刷《いんさつ》ができるのです。鏡文字《かがみもじ》で書《か》かなくていいのも、うれしいポイントでした。

ガリ版《ばん》ができたことで、**学校《がっこう》でプリントを作《つく》るのがとてもラクになり、勉強《べんきょう》のしかたそのものが大《おお》きく変《か》わった**ともいわれています。

ガリ版《ばん》は、1980年《ねん》ごろにコピー機《き》が普及《ふきゅう》するまで長《なが》くつかわれました。みなさんのおじいちゃん、おばあちゃんは、ガリ版《ばん》を覚《おぼ》えているかもしれませんよ。

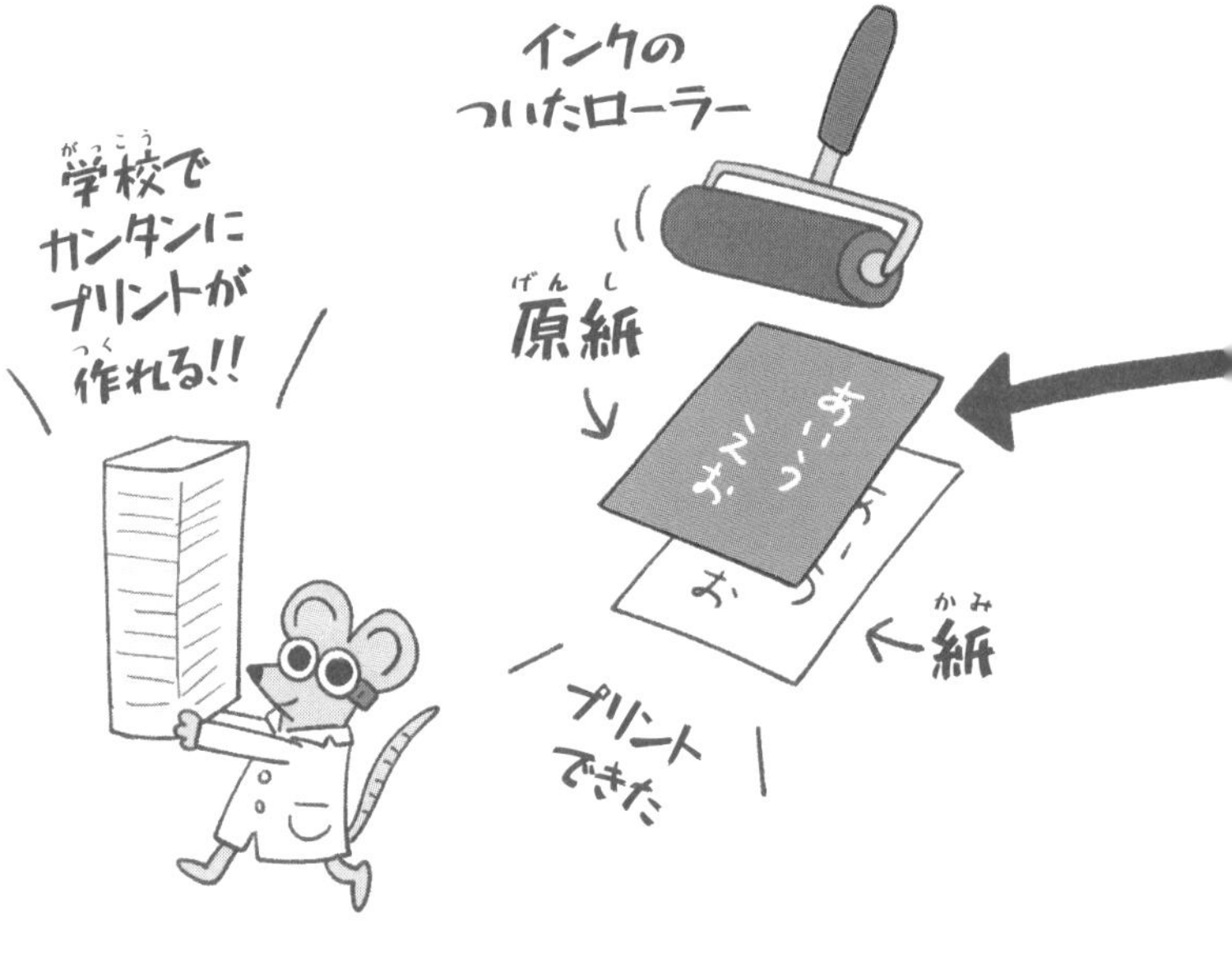

ざんねん

筆箱《ふでばこ》

ものすごくよく燃《も》えてあぶない
セルロイドの筆箱《ふでばこ》があった

セルロイドは世界初《せかいはつ》のプラスチックで、加工《かこう》しやすいのでお皿《さら》やメガネ、映画《えいが》のフィルムなど、あらゆるものにつかわれました。文房具《ぶんぼうぐ》では下《した》じきや筆箱《ふでばこ》などが作《つく》られました。ただ、そんなセルロイドには超重大《ちょうじゅうだい》なざんねんポイントが。**ものすご〜く燃《も》えやすい**のです。とくに、昔《むかし》はデスクでタバコをすいながら仕事《しごと》をする大人《おとな》も多《おお》かったので、セルロイドの文房具《ぶんぼうぐ》は超《ちょう》キケン。なので、だんだんつかわれなくなりました。

びっくり!
筆箱《ふでばこ》

昔《むかし》は紙《かみ》のノートではなくミニ黒板《こくばん》をもちあるいていた

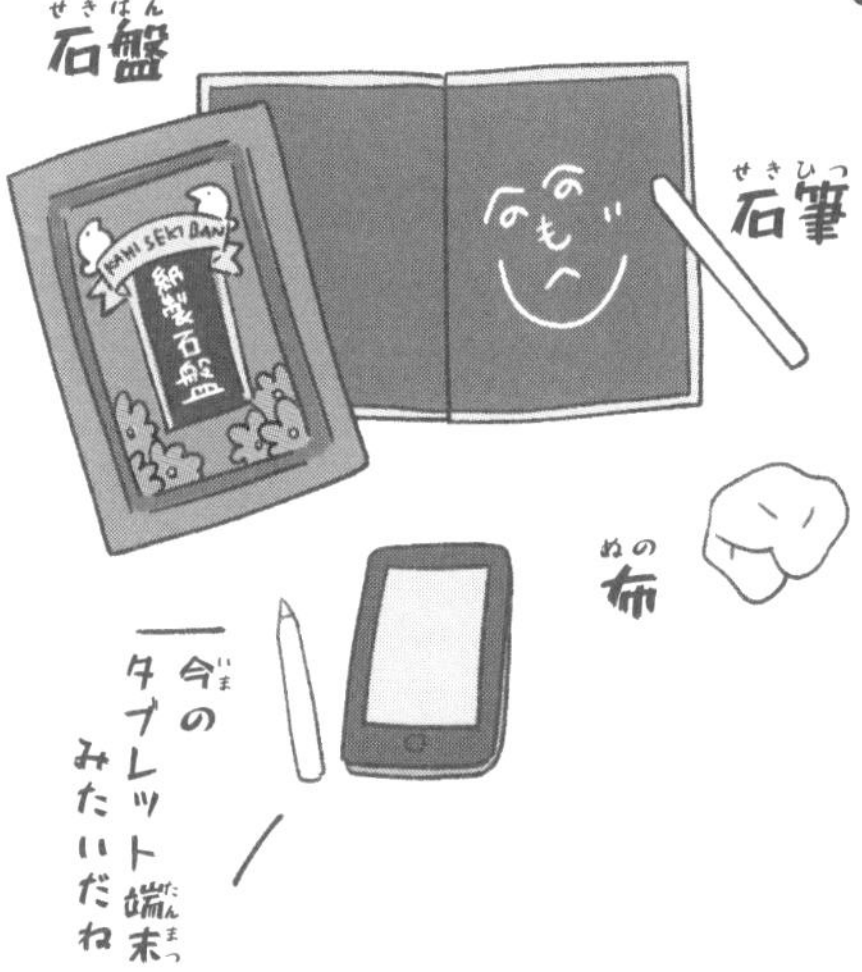

昔《むかし》は今《いま》ほど紙《かみ》が安《やす》くなかったので、小《ちい》さな子《こ》どもが紙《かみ》のノートをもつことはあまりありませんでした。代《か》わりにつかわれたのが**石盤《せきばん》**と**石筆《せきひつ》**。これはミニ黒板《こくばん》とチョークみたいなものです。石盤《せきばん》に書《か》いた文字《もじ》や絵《え》は、布《ぬの》でこするとかんたんに消《け》せました。

石盤《せきばん》は、はじめは石《いし》や木《き》で作《つく》られていましたが、そのうち、軽《かる》くてもちはこびしやすい厚紙《あつがみ》を加工《かこう》したものが広《ひろ》まりました。**明治《めいじ》から大正《たいしょう》の子《こ》どもにとっては、学《まな》びにかかせない文房具《ぶんぼうぐ》だった**のです。

ざんねん

筆箱《ふでばこ》

戦争《せんそう》によって金属《きんぞく》がつかえず いろいろな代用文房具《だいようぶんぼうぐ》ができた

戦争《せんそう》は生活《せいかつ》に必要《ひつよう》なものをすべてうばいます。とくに金属《きんぞく》は、武器《ぶき》を作《つく》るために国《くに》にとりあげられ、文房具《ぶんぼうぐ》も金属《きんぞく》のものは作《つく》れなくなります。日本《にっぽん》が第《だい》二次世界大戦《にじせかいたいせん》に参戦《さんせん》すると、**ブリキの筆箱《ふでばこ》はボール紙《がみ》が、画《が》びょうは音楽《おんがく》を聴《き》くためのレコードを小《ちい》さく切《き》ったものが代《か》わりになりました。**

1945年《ねん》8月《がつ》、広島《ひろしま》と長崎《ながさき》に原子爆弾《げんしばくだん》が落《お》とされ、日本《にっぽん》の戦争《せんそう》は終《お》わります。私《わたし》たちは、このようなことを、二度《にど》とくりかえしてはなりません。

【おもな参考文献】

『時代を書きすすむ　三菱鉛筆100年』三菱鉛筆株式会社

『ビジュアル版 学校の歴史 第2巻 文房具・持ち物編』岩本努、保坂和雄、渡辺賢二／汐文社

『鉛筆と人間』ヘンリー・ペトロスキー（著）、渡辺潤、岡田朋之（訳）／晶文社

『ザ・ペンシル・パーフェクト 文化の象徴"鉛筆"の知られざる物語』キャロライン・ウィーヴァー（著）、片桐晶（訳）／学研プラス

『学校の文化史　ノートや鉛筆が学校を変えた』佐藤秀夫／平凡社

『羊皮紙の世界　薄皮が秘める分厚い歴史と物語』八木健治／岩波書店

『羊皮紙のすべて』八木健治／青土社

『愛しの昭和の計算道具』ドクターアキヤマ（秋山泰伸）／東海教育研究所

『図説　数の文化史　世界の数字と計算法』K.メニンガー（著）、内林政夫（訳）／八坂書房

『文具の歴史』田中経人／リヒト産業株式会社

『紙と人との歴史　世界を動かしたメディアの物語』アレクサンダー・モンロー（著）、御舩由美子、加藤晶（訳）／原書房

『古き良きアンティーク文房具の世界　明治・大正・昭和の文具デザインとその魅力』たいみち／誠文堂新光社

『最高に楽しい文房具の歴史雑学』ジェームズ・ウォード（著）、関根光宏、池田千波（訳）／エクスナレッジ

『文房具にまつわる言葉をイラストと豆知識でカリカリと読み解く　文房具語辞典』高畑正幸／誠文堂新光社

『ものと人間の文化史　30 筆』田淵実夫／法政大学出版局

『ふでばこ　30号　書具　想いを伝える道具』白鳳堂

『「試し書き」から見えた世界』寺井広樹／ごま書房新社

『オルファイズム　岡田良男とオルファ株式会社の挑戦』岩井洋／オルファ株式会社

『どうしてあの人はクリエイティブなのか？　創造性と革新性のある未来を手に入れるための本』デビッド・バーカス（著）、プレシ南日子、高崎拓哉（訳）／ビー・エヌ・エヌ新社

『紙の世界史　PAPER 歴史に突き動かされた技術』マーク・カーランスキー（著）、川副智子（訳）／徳間書店

『わたしは合成紙―石油から生れた』井上啓次郎／日刊工業新聞社

『零の発見　数学の生い立ち』吉田洋一／岩波書店

『印刷という革命　ルネサンスの本と日常生活』アンドルー・ペティグリー（著）、桑木野幸司（訳）／白水社

『パピルスのなかの永遠　書物の歴史の物語』イレネ・バジェホ（著）、見田悠子（訳）／作品社

本書の情報は2024年３月時点のものです
本文に記載されている企業名も2024年３月時点で統一しています

【文・絵】
ヨシムラマリ
ライター／イラストレーター。1983年生まれ。神奈川県横浜市出身。子どもの頃から絵を描くのが好きで、身近な画材である紙やペンをきっかけに文房具にハマる。主な守備範囲はノートとペンと事務用品。文具・オフィス用品メーカー大手の元社員で、現在は脱サラしてフリーランスとして活動中。著書に『文房具の解剖図鑑』（エクスナレッジ）がある。

【監修】
高畑正幸（たかばたけ・まさゆき）
文房具デザイナー・研究評論家。1974年香川県丸亀市生まれ。千葉大学工学部機械工学科卒業、同自然科学研究科（デザイン心理学研究室）博士課程前期修了。テレビ東京の人気番組「TVチャンピオン」の「全国文房具通選手権」で３連続優勝し「文具王」と呼ばれる。サンスター文具にて13年の商品企画・マーケターを経て独立。文房具のデザイン、執筆・講演・各種メディアでの文房具解説のほか、トークイベントやYouTube等で人気。著書は『人生が確実に幸せになる文房具100』（主婦と生活社）など多数。

ざんねん？　びっくり！
文房具《ぶんぼうぐ》のひみつ事典《じてん》

2024年５月28日　第１刷発行
2024年10月18日　第２刷発行

著　者　ヨシムラマリ
発行者　安永尚人
発行所　株式会社講談社
〒112-8001
東京都文京区音羽2-12-21
電話　編集　03-5395-3535
販売　03-5395-3625
業務　03-5395-3615
印刷所　共同印刷株式会社
製本所　大口製本印刷株式会社

KODANSHA

N.D.C.049　127p　19cm　ISBN978-4-06-535399-8